中国石化
SINOPEC

2021年度
中国石化法律合规风险管理报告

中国石化企改和法律部／编

中国经济出版社
CHINA ECONOMIC PUBLISHING HOUSE
北 京

图书在版编目（CIP）数据

2021年度中国石化法律合规风险管理报告 / 中国石化企改和法律部编 .-- 北京：中国经济出版社，2022.5

ISBN 978-7-5136-6905-4

Ⅰ. ①2… Ⅱ. ①中… Ⅲ. ①石油化工企业 - 企业法 - 风险管理 - 研究报告 - 中国 - 2021 Ⅳ. ①D922.291.914

中国版本图书馆CIP数据核字（2022）第072613号

责任编辑　罗　茜
责任印制　马小宾
封面设计　华子设计

出版发行　中国经济出版社
印 刷 者　北京建宏印刷有限公司
开　　本　710mm × 1000mm　1/16
印　　张　7
字　　数　94千字
版　　次　2022年5月第1版
印　　次　2022年5月第1次
定　　价　38.00元

中国经济出版社 **网址** www. economyph. com **社址** 北京市东城区安定门外大街58号 **邮编** 100011
本版图书如存在印装质量问题，请与本社销售中心联系调换（联系电话：010-57512564）

编 写 组

杜江波　肖学明　肖　毅　张晓峰　徐志远
程大庆　潘　胜　常明霞　江　渊　刘向荣
余艳霞　徐　阳　马继亮　王凌云　姚天健
王　栋　杨心刚　刘洪英　吴明晓　孙黎明
管利军　刘　恬

前言

法律合规风险管理，是中国石化全面风险管理的一项重要内容，也是中国石化加快提升依法合规经营管理水平、增强竞争力、促进持续健康发展的重要举措。根据国务院国资委《中央企业全面风险管理指引》《中央企业合规管理指引（试行）》等要求，中国石化已基本建立一套系统规范的法律风险防控体系，合规管理体系建设工作也已启动并逐步推进中。

编写年度法律风险管理报告，是中国石化于2014年建立的一项管理制度，至今已经坚持七年，旨在回顾过去、研判趋势、未雨绸缪、防范风险。鉴于2020年着手开展的合规管理体系建设与法律风险管理高度协同，合规管理相关工作也一并纳入报告，因此2020年，将书名由之前的《中国石化法律风险管理报告》更名为《中国石化法律合规风险管理报告》。

本书具有以下特点：一是全面系统。从目录和篇章结构可以看出，本书以法律合规风险管理为主线，系统总结2021年工作，分析研判2022年需要重点关注的风险，并提出了应对措施和下步工作安排。二是紧贴实际。书中所引资料、数据及案例等均来源于生产经营实际，所提工作措施和安排需要在日常经营管理中落地执行。三是较强的操作性。针对中国石化业务面广、链条长的特点，本书宏观与具体相结合，正文侧重面上指导，附件对各项重要业务流程的法律合规风险进行了识别、分析和评估。可见，本书是企业从事法律、合规管理及风险管理人员的必读书籍，对其他经营管理人员进行经营决策、防控法律合规风险也具有较强的指导意义。

目　录

一、2021 年度法律合规风险管理工作回顾……（1）

（一）法律合规风险管理工作开展情况……（1）

1. 顶层规划引领有力有效……（1）

2. 合规体系建设全面铺开……（2）

3. 制度保障持续加强……（2）

4. 关键领域法律合规风险防控扎实有效……（3）

5. 纠纷案件管理水平不断提升……（4）

6. 依法合规理念深入人心……（5）

（二）2021 年各业务板块主要法律合规风险表现……（6）

1. 境外上游……（6）

2. 国内上游……（8）

3. 炼化企业……（10）

4. 销售企业……（11）

5. 科研板块……（14）

6. 工程企业……（15）

二、2022年重点法律合规风险研判……（18）
（一）形势研判……（18）
（二）2022年重点法律合规风险评估排序……（18）
（三）重点风险管控目标、成因及应对措施……（19）
1. 国际化经营法律合规风险……（19）
2. 安全生产法律合规风险……（20）
3. 生态环境保护法律合规风险……（21）
4. 投资管控法律合规风险……（22）
5. 大宗商品贸易法律合规风险……（23）
6. 反不正当竞争与反垄断法律合规风险……（24）
7. 劳动用工法律合规风险……（25）
8. 专有技术知识产权保护法律风险……（26）
9. 工程项目履行结算法律风险……（28）
10. 财务税收管理法律合规风险……（28）
三、2022年度法律合规风险管理工作安排……（30）
（一）全面开展“合规管理强化年”行动……（30）
（二）切实抓好经营业务合规专项治理……（30）
（三）优化完善制度体系，提升制度执行力……（31）
（四）服务保障重大改革发展项目……（31）
（五）持续推进纠纷案件“压存控增”……（32）
（六）加强重点领域法律风险防控……（32）

（七）夯实法律合规基础工作……………………………………（32）

附件 1　中国石化法律合规风险清单指引（2022 年版）……………（33）

附件 2　2021 年度各板块主要法律合规风险排序……………………（72）

附件 3　2021 年度法律合规风险事件和案件分析……………………（73）

附件 4　2021 年度主要法律法规、司法解释、部门规章及重要监管规定……………………………………………………………（97）

一、2021年度法律合规风险管理工作回顾

2021年，中国石化深入学习习近平法治思想，贯彻落实国务院国资委关于进一步深化法治央企建设有关要求，锚定建设世界领先洁净能源化工公司目标任务，服务保障企业高质量发展，全力打造制度、风控、内控、合规、法律“五位一体”法治工作格局，持续深化法律合规管理体系建设，扎实推进企业法律合规风险防控能力提升，妥善化解企业纠纷案件和合规事件风险，法律合规风险管理工作成效显著。

（一）法律合规风险管理工作开展情况

1.顶层规划引领有力有效

一是强化顶层引领。公司党组召开专题会学习贯彻习近平法治思想，传达贯彻全面依法治国新精神、法治央企建设新要求，统筹谋划和引领推动依法依规治企工作。公司坚持把遵法、学法、守法、用法作为领导干部行权履职的基本素质，将法治专题学习纳入公司党组理论学习中心组每年必学内容，定期研究解决依法治企、合规管理重大事项。公司领导班子带头开展合规学习、签署合规承诺。

二是加强统一规划。发布实施《中国石化“十四五”法治建设规划纲要》和《中国石化开展法治宣传教育第八个五年规划（2021—2025年）》，明确以制度建设为基础，以风险控制为导向，以内控体系为平台，以合规管理为抓手，以法律支撑为保障，打造制度、风控、内控、合规、法律“五位一体”工作格局。

三是嵌入公司治理。落实国务院国资委《国有独资企业章程指引》《国有全资/控股企业章程指引》有关规定，在集团公司《章程》中明确规定依法合规经营要求和董事会“审计与风险委员会”具体执行法治建设与合规管理职责。组织编制中国石化控股企业章程指引，启动下属企业《章程》修订工作，年内完成79家单位《章程》修订，将依

法合规管理要求写入企业基本制度。

2. 合规体系建设全面铺开

一是合规管理试点顺利收官。公司根据《中国石化合规管理体系建设方案》，按照“典型引路、分批推进、巩固提高”的思路，自2020年7月起，分板块选取14家重点子企业开展体系建设试点工作。试点单位因地制宜、创新实践，紧密结合深化改革三年行动、对标一流管理提升行动，经过一年努力，基本建立比较完善的合规管理体系，基本实现组织体系健全、制度体系完备、工作流程规范、机制保障有效，形成可供借鉴推广的经验做法。

二是合规体系建设全面部署。在对体系建设试点情况督导验收基础上，公司召开会议全面推进合规管理体系建设工作，总结试点经验，部署下步安排，提出至2022年底基本形成职责分工更加明晰、机制运行更加顺畅、合规意识更加牢固、风险防控更加有效的合规管理体系。截至2021年底，公司所属其他143家直属单位均完成合规管理体系建设工作方案的制定及上报备案，正按计划推进体系建设各项工作。

3. 制度保障持续加强

一是修订发布2021版《中国石化诚信合规管理手册》(以下简称《手册》)。在2019版《手册》基础上，对公司治理和经营等10个重点领域的合规管理要求进一步细化，提炼形成公司应遵守的54条经营规范和员工应遵守的52条行为准则，阐述公司合规管理的理念和方针，表明公司依法合规经营的态度和决心，提出公平诚信、合作共赢的声明和倡议，展现中国石化负责任国际化大公司良好形象。公司先后印制中文版、英文版、中英文双语版《手册》66万册，发放全体员工学习践行，并积极向商业伙伴宣传推介，共同倡导依法合规、诚信经营。

二是巩固强化合规管理制度建设。聚焦企业经营重点、难点、热点问题，先后组织编制并发布反不正当竞争、禁止滥用市场支配地位、禁止垄断协议行为、消费者权益保护、商业伙伴、企业信用自律、合规管理检查评估、合规审查等8套合规管理专项工作指引和制度规范。

梳理并发布中国石化企业生产经营所涉法律法规清单及经营类行政许可证照参考目录，共计梳理安全生产、环保节能、市场交易、公司治理等15个领域1742部法律法规，明确90项行政许可、资质、专营、证照规范事项及办理依据。下发《关于加强网络与数据安全合规管理的通知》，发布《中国石化网络与数据安全合规风险清单》，明确在网络安全、信息数据管理、劳动用工管理、知识产权保护、供应商管理等方面的合规管理要求。

4. 关键领域法律合规风险防控扎实有效

一是加强法律法规识别、风险预警。结合行业、企业特点，聚焦国内外法律法规变化情况，关注行业相关的重要法律合规风险事件，开展法律法规识别和影响分析，提示相关风险，全年发布法律风险管理专刊4期，法律法规识别专刊简报11期；定期编制重大法律合规风险管理报告。

二是积极防控涉外法律合规风险。坚持涉外法律合规风险月度排查和零报告机制，按照“一国一预案”“一项目一预案”原则做好风险应对。持续跟进境外相关国家法律合规风险动态和境内涉外法律法规动态，研判分析美国涉军行政令、外国公司问责法案、南海和东海制裁法案、欧盟外国政府补贴立法草案、OFAC执法案件等潜在风险，提出应对建议，做好应对预案。研究国家加入CPTPP、RCEP、跨国公司与人权问题等协定的协议文本、央企适用和转化等内容。

三是从严加强合同管理。修订《中国石化合同管理办法》，强化对合同相对人的合规调查，明确合同文本设置合规条款、合同履行加强合规监控等要求。出台《重大项目合法合规性审查论证管理办法》，落实两级审查制度，明确法律合规机构参与重大项目的工作内容、流程、方式及标准要求。深化完善合同管理信息系统，实现境内全覆盖，境外已覆盖15个国家（地区），实现对重大项目全过程线上监控。严格涉外业务活动合规调查及合法合规性审核等要求，所有涉外合同都设定合规条款，涉及资金往来的必签廉洁协议。

四是强化重点领域风险防控部门联动机制。跟进国内外“双碳”等生态环保法律法规、执法司法动向，保障绿色低碳发展。召开环保依法合规工作专题会议，法律部门和能源与环境保护部门共同建立法律源头介入机制，积极应对环保行政调查，控制公益诉讼发案增量。组织环保法律风险防控和案件应对培训班，提升业务水平，增强法律合规风险意识。企改和法律部会同科技部印发《关于加强知识产权法律保护的意见》，发布 2021 年度知识产权法律合规风险清单指引，明确知识产权法律保护工作的总体思路、任务目标和具体措施。集团财务部新修订的《中国石化应收款项管理办法》纳入法律管理要求，推进公司法律系统与信用管理系统实现集成，完善应收账款异常预警功能，通过信息化联动管控，助力集团公司“两金”压降工作取得实效。2021 年全系统法律人员共参与应收账款清收 478 笔，通过法律手段为企业收回应收账款实际到账 18.9 亿元。

5. 纠纷案件管理水平不断提升

一是纠纷案件基础管理能力进一步加强。完成《中国石化法律纠纷管理办法》修订，进一步明确管理目标，对机构职责、纠纷分类、内外部纠纷管理流程及要求、考核与奖惩管理等内容进行了完善。积极推进法律共享平台纠纷管理模块建设，完成系统的全面升级改造和部署，进一步提高纠纷信息化管理水平，为企业纠纷管理大数据分析夯实基础。在“一案一策”基础上，总结高风险、高案值、高发案件办理经验，编印《建设工程结算争议解决指引》。印发《关于做好纠纷案件处置和应收账款法律清收工作的通知》，连续第三年在全系统深入开展纠纷处置专项行动，进一步全面落实发案单位负责制和“一案一策”工作机制，层层分解落实任务目标，向 27 家有 5000 万元以上在办重大案件的企业发送重大案件督办函，逐案落实专人跟踪督办，季度通报案件处置情况，着力推进重大法律纠纷案件解决，确保力度不减、节奏不变、尺度不松。

二是纠纷案件“压存控增”成效显著。2021 年，全系统共处理各类纠纷案件1449件，总涉案金额988.6亿元；全系统办结各类法律纠纷案件725件，避免和挽回损失172.2亿元，案件数量、涉案金额同比下降25%和19.4%，连续三年实现“双下降”。截至2021年12月31日，在办案件724件，总涉案金额803.8亿元。全部在办案件中，我方为原告、申请人的维权案件273件，涉案金额438.5亿元，分别占在办案件总量及总涉案金额的37.7%和54.52%，较2020年有明显上升。我方为被告、被申请人的案件451件，涉案金额365.8亿元，分别占在办案件总量及总涉案金额的62.3%和45.48%，较2020年分别下降18%和26.3%。

三是重大历史遗留案件风险妥善化解。国务院国资委挂牌督办的5起重大案件，国勘尼日利亚Jagal案历经十余年终获胜诉裁决，避免损失77亿元；国勘北海塔里斯曼仲裁案仲裁庭裁定塔里斯曼公司在储量方面存在欺诈；国勘伊朗KKD贷款纠纷案驳回对方请求，我方胜诉结案，避免损失约4.52亿元；其他案件亦取得积极进展。集团公司重点督办的重大案件中，国勘巴西股东协议仲裁案历经四年努力，仲裁庭驳回雷普索尔公司全部索赔请求，我方取得案件的决定性胜利；联化中谷罐底油仲裁案胜诉，裁决中谷应向联化支付各类款项共计2300余万元。全年公司未发生由于纠纷案件处理不当而引起的重大风险。

6. 依法合规理念深入人心

一是坚持普法宣传教育融入日常、抓在经常。全面落实“谁的业务谁普法”责任制，充分利用各级各类学习培训宣贯守法精神、合规要求，各级领导干部培训、各类专业领域培训均设置法治合规课程，法治合规要求写入《新员工入职教育培训手册》，强调涉外人员不经合规培训不得外派。通过线上线下两种方式组织全员合规学习与承诺，至2021年底共有40万名干部员工参加学习并签署承诺，基本实现目标群体全覆盖。

二是积极推进依法合规理念融入企业核心价值观。依托“报刊台网端微屏书”深化合规文化建设，“法治石化”官方微信定期推送依法合规学习文章，报道企业合规管理体系建设工作动态，组织编制《边学边练：安全生产相关法律知识》《〈安全生产法〉刑事法律责任释义和案例》等普法书籍，利用党小组活动、交接班会、班前安全喊话等方式推进基层人员学法守法。“石化党建”信息平台设置“美好生活·民法典相伴”专栏，每天解读一条民法典法条，累计阅读量超 1800 万人次。

（二）2021 年各业务板块主要法律合规风险表现

1. 境外上游

（1）国际化经营法律合规风险

国际化经营法律合规风险是境外上游最主要的法律风险。主要表现为：处置境外上游投资相关的历史遗留问题风险较为突出；因资源国政治环境复杂多变，法律法规延续性差、司法环境动荡等，多个海外机构在非洲、中亚等地区都遇到与当地政府机构的税收争议，对生产经营造成较大困扰；因疫情导致的采购周期延长、工程款结算异常、工程款降价、劳工管理和第三方违约等风险增加，如中东地区因政府拖欠回收款等引发纠纷；与资源国政府关于工作量、环保等问题的行政诉讼风险增多；部分海外区块项目运营接近尾声，项目续期或关闭所引发的服务合同、环保、税收、结算、劳工等法律风险逐步显现，个别国家政府以公司违反当地法律法规或投资不足为由强行收回油田区块许可证。

（2）生态环境保护法律合规风险

近年来气候保护方面的国际条约、东道国法律及司法实践，对境外上游企业在生态环境保护、温室气体减排方面提出更高要求。2021 年地球之友诉壳牌公司减排公益诉讼案的判决，是全球首例法院基于人权保护，要求私营企业承担国际条约义务，实现特定减排目标的案件。环保民事维权意识高涨，环保公益、私益诉讼时有发生，对企业声誉和境外正常运营产生负面影响。主要表现为：企业对环境、气候变化及由此引发的法律合规风险防控意识不足；对国际社会的环境保护最佳实践要求、项目所在国环保风险评估标准及监管要求不熟悉，导致对面临的环境保护风险应对经验不足；境外上游企业与当地社区缺乏有效沟通与合作，环保或社区组织针对因勘探开发导致的环境污染、生物多样性丧失提出抗议，进而引发环保侵权索赔案件或环境侵权公益诉讼风险；环境和气候变化风险可能会产生财税、金融等行政监管衍生风险，甚至危及项目的正常运营。

（3）涉外财务税收管理法律合规风险

近年来，针对税基侵蚀与利润转移（BEPS）的国际税收改革不断深入，同时开曼、英属维尔京群岛（BVI）等原有避税地纷纷出台经济实质法案，对“壳公司”运营模式带来巨大挑战，加之境外上游企业涉及财务税收的案件、调查时有发生，且金额巨大，企业面临的财税管理法律风险凸显。主要表现为：BEPS推行的“双支柱”方案突破原有跨国税收来源国和居民国的征税范围，赋予市场所在国征税权，对能源行业等实体企业产生税收成本风险；经济实质法案使得原有在当地注册成立从事特定活动的公司等实体因不具备充足的商业实质，面临罚款甚至是注销的风险；境外企业所在国税收政策变化，部分规定模糊且税收法规和实际操作存在较大差异，可能导致税收行政处罚风险；全球经济下行使得多个项目所在国强化税收征管或专项检查，油气行业更是税收关注重点，往往被要求补缴巨额税收，给企业带来较大经营负担，相关争议解决耗时久、协商或谈判难度大；区块合作协议中关于合作主体间税务条款责任分担约定不清晰，或条款约定与当地税法要求不符等引发争议。

（4）涉外劳动用工法律合规风险

由于境内外劳工法律法规差别较大，且劳工组织、工会的影响力较大，涉外劳动用工法律风险不容忽视。主要表现为：未及时签订或变更劳动合同，构成事实劳动关系，被要求确认劳动关系或承担高额劳动报酬赔偿；境内外员工、异性员工之间因“同工不同酬”产生歧视性待遇劳动争议；调整或解雇员工不规范，违反劳动合同或当地劳动法，产生不当解雇争议风险；由于与项目业主存在争议，间接引发相关劳动争议，且因劳工组织或工会的强势介入，增加企业争议解决难度；境内外文化、风俗习惯差异较大，对内部劳动管理制度、合同文本约定理解不同产生风险。

（5）纠纷管理法律风险

境外上游企业的纠纷数量和金额在全系统占比较高，纠纷管理风险仍是境外上游企业的主要法律风险。主要表现为：涉外业务合同往往适用英美法系法律或资源国、东道国法律，由于业务双方市场地位不平等等原因，法律适用条款难以修改，依据准据法指向外国法适用产生不确定性风险；各国法律环境不同导致的诉讼、仲裁程序差异，使得企业面临应诉风险和执行困难、维权法律成本高昂等问题；涉外法律纠纷通常委托当地管理人员或律师进行具体处置，由于距离、时差、语言等因素导致信息传递滞后、失真，同时由于工作立场、文化差异等原因，相关纠纷管理要求存在落实落地难等问题。

2. 国内上游

（1）生态环保法律合规风险

油田企业在勘探开发和生产过程中往往产生大量废水、废气、废渣及其他有污染性的废弃物，对三废的妥善处理不仅关系到周边生态环境能否得到有效保护和恢复，也直接影响该区域居民的身体健康和正常生活。主要表现为：生态红线范围内有油井、气井生产设施，存在违法生产或被强制要求退出风险；环境保护措施“三同时”要求履行不到位；三废物质未按规定处置排放造成周边环境污染；个别企业对三废处理外包企业监管不到位，未能及时发现非法处置行为，企业被政府立案调查，员工被追究刑事责任，引发法律和舆情风险；个别企业因建设项目环保管理、固废规范化处置等方面仍存在违规行为，被国家黄河流域生态环境警示片通报和地方环保行政处罚；个别企业因固废处置被行政处罚，进而引起环保公益诉讼，并引发舆情风险。

（2）区块合作法律风险

部分企业近年来发生数起区块合作类纠纷，涉及中外区块合作和国内区块合作两类，涉案金额巨大、处理难度高。此类项目合作期较长、受国际油价变化和国家政策法规调整影响大，在项目收益较好时运行较为平稳，当区块产量下降、效益下滑时合作方往往以各种理由主张合同无效或要求我方承担违约责任。主要表现为：对合作方的尽职调查不充分，对资质权属、资信情况、履约能力、既往纠纷发生情况等未详细了解，导致在合作方的选择上存在失误；联管会制度发挥不到位，存在流于形式、疏于监管的情况，对项目运作不符合合同约定、有损我方权益的情况未能及时防范和制止，导致损失扩大；缺乏规范合作方控制权变更的合同条款，导致合作方在我方不知情的情况下通过股权转让发生实控人变更，给项目履行带来不确定性；项目履行过程中，我方项目人员对双方往来函件和其他文件材料疏于保存，导致证据缺失。

（3）不动产管理法律风险

油田企业的合同和侵权类案件中，相当一部分涉及不动产处置问题，包括场地、房屋租赁，承包经营、使用权流转等。这和油田企业早期在不动产管理方面的风险防范意识欠缺、管理粗放有关。主要表现为：不动产权属情况不清晰，企业对不动产权属登记及使用现状未能全面掌握；权属证照等遗失后未及时补办，一旦发生纠纷将处于不利状态；不动产租赁或承包费用存在长期拖欠；租赁或承包到期的不动产未能及时收回，导致被长期不法侵占。

（4）新能源业务法律合规风险

随着公司加快发展地热、氢能、风能、太阳能等新能源业务，相关法律风险也呈上升趋势。主要表现为：未及时根据地方政策法规变化履行相关手续，导致资质证照无效或特许经营权丧失；过于追求业务拓展的速度，忽视项目运行质量和效益；前期尽职调查不充分，对合作方的遴选不够全面细致，导致后续合作过程中容易发生争议和纠纷；在合作开发的过程中与合作方产生设施权属纠纷；在供热项目中，相对方拖欠热力建设费或供热服务费等。

3. 炼化企业

（1）生态环境保护法律合规风险

主要表现为：个别项目仍存在“未批先建”“久投未验”等情况；排污许可管理不规范，未取得或未按法律要求取得许可证，或未按许可证管理要求提交执行报告、自行监测及登记台账；部分省市出台严于国标的污染物排放标准，部分企业存在超标排放风险；危固废处置全过程监管不到位，存在不规范情形；部分企业因超标排放、取水手续不全及现场管理不规范被长江、黄河生态警示片或中央生态环境保护督察组通报；个别企业仍存在未结的因环保行政处罚引起的环保公益诉讼。

（2）安全生产法律合规风险

2021年炼化企业安全事故频发，造成较大负面影响，部分企业受到行政处罚，企业人员受到行政处分甚至刑事处罚，由此产生一系列法律合规风险。主要表现为：安全隐患排查不彻底、不深入；部分重大安全风险管控不到位、安全隐患治理不及时；变更管控不到位，存在未经审批随意变更情形，变更管理制度有待修订完善；对承包商（含业务外包）单位审核把关不严，一些有明显资质问题的单位和人员进场施工，对承包商的监管检查不到位；安全管理协议对安全责任界线约定不清，责任承担不明，发生安全事故时就责任分配产生争议；安全生产行政许可到期未能及时延长；对危化品或危废物运输、使用或处置等环节缺乏跟踪监管。

（3）合同法律风险

主要表现为：新冠肺炎疫情叠加环保要求，导致企业原料供应紧张，合同违约风险增加；对高风险业务的风险排查不细，对保理业务、表见代理、指示交付等法律风险评估不到位，个别企业因此涉诉；个别企业对办公场所、公章管理不严，被不法分子利用，伪造公司公章、合同章及相关合同进行金融诈骗，企业被动卷入纠纷案件，可能承担连带责任；个别企业内部员工和不法分子内外勾结，构成刑事犯罪。

（4）劳动用工、稳定与舆情处置法律风险

炼化企业劳动纠纷案件包括受新冠肺炎疫情影响和企业用工管理不规范导致侵权赔偿、福利待遇、工伤、工龄认定、工亡赔偿等劳动仲裁和民事诉讼。稳定和舆情法律风险，既有历史遗留问题导致的不稳定因素，也有生产经营和改革过程中产生的新风险，该类风险如处理不当可能引发集体性法律风险。主要表现为：公司吸收合并、集体企业公司化改革导致所涉企业职工稳定风险增加；改制、协解的历史遗留问题以新形式表现出来，引发集体上访和缠访闹访等；劳动合同的解除、离职等手续不健全导致劳动者维权；职工违纪处理、劳务工使用、福利待遇、工龄认定、工伤认定等方面未严格履行法定程序引发法律纠纷；个别职工提出不符合政策的提前退休、内部退养等要求；驻京办整改清退产生的土地、房产纠纷，可能产生涉法涉诉信访问题；信访老户持续上访或提出过分要求的不稳定风险等。

（5）知识产权法律风险

知识产权法律风险包括内部职工、交易及竞争对手因各种原因给本企业造成的知识产权侵权风险，以及企业经营过程中对他人知识产权构成侵害的风险。主要表现为：涉密人员离职导致技术资料、图纸、商业秘密等信息泄露；员工保密协议、竞业限制管理执行不到位，造成技术流失；员工自行使用第三方软件或非法软件，导致被侵权方维权的风险增加；企业网站、微博、对外宣传标语及图片使用未经许可的字体、摄影作品、图片和署名文章，产生侵犯他人知识产权的风险；企业商标被他人违规使用，侵犯企业商标权，损害企业信誉等。

4. 销售企业

（1）加油站租赁法律风险

近年来，与加油站租赁相关的纠纷案件始终呈高发态势，法律风险一直居高不下。主要表现为：早期签订合同时约定的租赁期限超过法律规定的最长租赁期限，出租人主张超过部分无效；租赁合同到期后，我方承租人的优先承租权得不到有效实现；租赁期内加油站所有权发生变动，对承租人运营管理产生影响；出租人意图提高租金，以各种理由恶意违约或单方主张解除合同；加油站租赁合同签订前出租人将加油站恶意抵押，导致承租人投资损失；租赁期内，承租人无法正常使用加油站土地，导致合同目的无法实现；第三方针对加油站资产主张债权或现有资产被司法、行政机关采取强制措施，影响承租人正常使用、收益；因政府规划调整导致加油站土地被收回、经营资质被注销，造成承租人加油站投资建设、预付租金损失；转租取得的加油站，出租人和承租人之间发生争议，造成转租合同不能履行等。

（2）油品购销法律合规风险

主要表现为：近年来集团公司加强“空转”“走单”等大宗商品贸易的规范管控力度和对违法违规企业及责任人员的追责力度，但因风险防控不到位、员工违法犯罪或外部人员诈骗导致企业被动卷入的风险仍然存在；部分企业历史遗留的融资性贸易纠纷案件涉案金额大，反复纠缠于买卖或借贷关系，诉讼程序长，结果面临不确定性；外部不法分子冒充企业内部人员或特殊关系人，利用客户购买打折加油卡的心理收取钱款，并从企业购得大额加油卡后转移套现，使企业被动卷入客户与违法分子的纠纷之中；个别企业公章管理不善，未经审核确认即在客户提供的确认函上随意加盖，企业陷入大额货款纠纷；买卖合同签订履行过程中，授权代理手续不完备，买方否认代理人的提油卡领取或提油行为系公司行为，导致发生法律纠纷。

（3）加油站员工道德廉洁风险

主要表现为：加油站员工刷卡套利，利用持有的加油卡替现金加油客户结算油款，套取差价、优惠赠送或积分牟利；发卡充值网点工作人员非法冒领客户退款；加油站员工虚构代管卡客户消费交易，侵占客户资金；加油站员工利用职务便利开展或配合社会不法人员开展套现、洗钱、虚开增值税发票等犯罪活动。

（4）知识产权法律风险

销售企业在宣传、商标、字号方面容易发生知识产权类风险。主要表现为：一些社会加油站擅自使用中石化字号和注册商标，侵犯企业商标权，误导消费者，给中石化带来较大负面影响；部分参股合资公司及其分支机构和无产权经营的“他有我营”类加油（气）站，超出授权范围使用中石化商标；部分无实际控制权参股合资公司及其分支机构，私自使用或允许下属加油站使用“中石化”字号；部分销售企业为了开展营销宣传，在官方微博、微信公众号等网络平台和部分产品宣传中使用的视频、字体、图片、音乐、署名文章等内容，未经授权，存在侵犯他人著作权法律风险。

（5）反垄断和反不正当竞争法律风险

随着《反垄断法》和《反不正当竞争法》执法力度不断加大，销售企业面临愈加严格的市场管控和消费者监督。部分销售企业在当地市场占有率较高，容易发生反垄断和反不正当竞争风险。主要表现为：在市场占有率较高地区与其他具有竞争关系的经营者对于价格的约定或一致行为，存在被定性为垄断协议的风险；在市场占有率较高的地区，经营过程中在销售价格、交易条件等方面设定不合理条件或给消费者造成不便，被认定为滥用市场支配地位的风险；在市场占有较高的地区，企业存在低价倾销、虚假宣传、违规招投标等行为，导致行政监管部门接到举报或自主监督检查中，对企业开展行政调查或处罚的风险；在“他有我营”类加油（气）站限定购买我方油（气）价格和对外售油（气）价格、限定只能购买我方非油品等。

（6）劳动用工法律风险

销售企业加油站分布点多面广，用工量大且分散，用工关系比较复杂，同一站点可能存在不同用工形式，人力部门在新员工招聘、录用及员工劳动合同、工资待遇、社保，离职和解除劳动关系等方面都受到劳动法律法规约束，任何违反法律法规，甚至企业制度的行为都有可能存在用工管理法律风险。主要表现为：解除长期不在岗、盗油、套卡套现等违规违纪基层员工劳动（劳务）合同引发的纠纷；执行带薪休假、加班费、社会保险缴纳及工伤认定政策引发的纠纷；劳动合同变更、解除程序不规范引发的纠纷；劳务派遣人员被退回用人单位后，用人单位处理不规范或长期未处理引发的劳动劳务纠纷；对委托管理站、家庭承包站员工错位管理行为引发的纠纷等。

5. 科研板块

（1）技术秘密被侵权风险

石油化工成套技术一般采用“专利 + 专有技术（技术秘密）”的保护方式，工业化应用链条较长，涉及研发、工程设计、施工、监理、生产经营等多家企业。从办理的案件看，研究院作为技术研发单位，知识产权保护意识强、措施完善，技术秘密泄露风险相对可控，但对技术工业化应用环节技术秘密流失风险缺乏管理手段。主要表现为：个别生产企业开工建设涉密技术装置时，复制多套施工图，分发给施工、监理等单位，既没有发放登记记录，完工后也没有将资料全部收回，甚至涉密图纸不标密；个别生产企业涉密装置操作手册详细描述了整个工艺流程、重要工艺参数和重要设备简图等，相关操作工人手一册，带出厂区不受限制；工程设计环节的技术污染风险。工程设计是成套技术工业化应用的枢纽环节，因为工程设计单位能接触到众多专利商技术，如果其在工程设计环节技术隔离、人员隔离措施落实不到位，可能带来技术污染问题，研发单位因此可能面临“明知或应知”侵权被控风险。

（2）专利法律风险

主要表现为：与系统外单位合作开发技术，约定技术成果共享，但系统外合作方在不告知我方的情况下，自行将共享的技术成果申请专利；对所属技术领域的现有技术状况和竞争对手研发动态疏于了解，侵权监测预警能力和重视程度有待提高；专利撰写质量不高，权利要求书、说明书及附图内容不全面，导致专利无效案件出现“循环诉讼”等。

（3）科研扩试安全环保法律合规风险

主要表现为：对中扩试过程中安全、环保许可资质审查不到位，如按照《国民经济行业分类》，参照“专用化学品制造”和《危险化学品安全使用许可使用行业目录》，如果科研单位或外委单位的危险化学品使用量达到“首批危险化学品使用量的数量标准”，应当办理危险化学品使用许可证；按照《排污许可管理办法》《固定污染源排污许可分类管理目录》，科研单位或外委单位应当取得排污许可证；对科研单位或外委单位安全、环保措施重视不够，包括生产装置环评等“三同时”手续是否齐全，危化品存储场所是否符合规范，是否有废水、废气处理设施并正常运行做到达标排放，废水处理设施是否纳管并签订纳管协议（或排水证），危废处置是否合规（是否有转移联单）；对现场HSE管理评估不到位，如危化品分类存放情况、作业人员安全行为、职业卫生防护、应急设施、应急处置措施等，生产过程中产生的污染原料、产品存放与处置，生产加工任务结束后残留危化品的存放处置等管理不到位。

6. 工程企业

（1）国际化经营法律合规风险

主要表现为：因项目所在国政局不稳定、政权更迭导致的政治风险、政府违约风险、政治风险直接或间接引发的经济风险、外汇管制、跨境结算风险等；在国际市场开发过程中存在不正当竞争行为，如损害竞争对手的商业信誉、母子公司资质借用等，招致项目所在国行政处罚或市场禁入；联合体中任一方在投标过程中被认定存在欺诈、串标或存在腐败、商业贿赂等行为，导致国际金融机构或组织的单方或联合制裁；疫情影响导致项目履行过程中的相关风险扩大，包括项目所在国因疫情防控加强出入境管制导致人员无法动迁，已签署项目协议约定的生效或开工条件不能按期实现，项目施工过程中工作量、价款等要素变化引发变更索赔，项目施工不符合所在地疫情防控政策而遭受行政处罚等；项目分包商因资质、项目经验或履约能力差异导致的项目履行风险，以及产生的法律纠纷风险；此外，工程企业也面临涉外财务税收管理法律风险及涉外纠纷管理法律风险。

（2）安全生产法律合规风险

工程建设领域是安全生产事故的高发领域，《安全生产法》的实施进一步加大了安全生产领域违法企业的惩处力度。主要表现为：公司“三新”业务发展较快，氢能、储能电站、风光发电等工程建设领域安全隐患防范经验缺乏，引发安全事故；项目中挂靠经营的情形仍然存在，有的施工挂靠单位甚至继续分解工程并允许无资质的个人或施工队参与分包、转包过程，未对施工现场进行安全管理，甚至未采取相应的安全防范措施且未严格监督，造成安全风险隐患；施工企业抢工期、赶进度，叠加新冠肺炎疫情影响、城市空气优良天数达标要求频繁停工进而压缩工期，导致不能按正常工序组织施工，造成安全风险隐患；施工总承包单位安全生产主体责任不落实，以包代管，安全管理体系不健全、日常管理不到位，同时因低价中标带来降低施工安全防护等必要投入和租赁低廉、缺乏安全保障的机械设备等问题，造成安全风险隐患等。

《安全生产法》规定，存在重大事故隐患，在 180 日内三次或者一年内四次受到行政处罚，生产经营单位主要负责人五年内不得担任任何生产经营单位的主要负责人；严重的，终身不得担任本行业生产经营单位的负责人。构成一般违法行为的，单位会被处以罚款、停产停业整顿等行政处罚；造成严重后果的，单位可能构成两种刑事犯罪：工程重大安全事故罪和重大劳动安全事故罪；参与项目的员工主体，发包人、承包人、实际施工人中的管理人、组织人、指挥人、负责人、一线直接工作人员可能构成五类刑事犯罪：重大责任事故罪，强令、组织他人违章冒险作业罪，危险作业罪，重大劳动安全事故罪，不报、谎报安全事故罪。

（3）工程项目履行结算风险

石油石化工程项目建设周期长、变更多、结算复杂，外部环境变化对项目的影响较大，工程企业面临的项目履行结算风险日益增多。主要表现为：变更索赔未得到业主认可，导致项目执行成本无法获得补偿；未在约定时限内主张合同权利，导致逾期失权；业主资金链不稳定导致项目被迫暂停、或业主延期付款，但工程企业因工期要求仍继续执行导致的资金垫付风险；我方为总包商，实际施工人因与分包商资金结算争议要求我方承担连带责任，或直接要求我方承担赔偿责任；新冠肺炎疫情影响、第三方违约以及项目运行问题引发项目工期延误、窝工导致业主处罚甚至合同违约；项目实际交付或提交竣工结算，建设单位拖延批准结算导致建设工程价款优先受偿权失权；未及时开展合同结算和清收，业主破产清算，导致工程款无法足额收回。

（4）生态环境保护法律风险

随着环保要求的提高，工程企业在境内外项目新建、改建、扩建过程中面临更加紧迫的环保法律风险。主要表现为：施工单位承揽的建设项目环境影响评价未批先建、环境影响评价没有按规定办理变更，建设单位可能被责令停止建设、责令恢复原状，施工单位面临窝工损失，工程款难以结算等；施工单位项目施工过程中废水、废气违规排放，扬尘、噪声管控失当，固废和危废管理处置不当，造成土壤、大气、水体和地下水污染的，根据情节轻重，会被处以罚款、责令改正或责令限制生产、停工整顿等行政处罚，影响施工企业信用评价和市场投标；环保违规达到法定标准或造成重大环境污染的，可能引发环保刑事合规风险，企业和相关责任人被追究刑事责任；污染事故造成他人或公共利益损害的，企业将承担停止侵害、排除妨碍、消除危险、修复生态环境、赔偿损失、赔礼道歉等民事责任，同时可能引发环境公益诉讼，影响企业声誉，导致舆情风险等。

二、2022 年重点法律合规风险研判

（一）形势研判

从国际环境看，当今世界已进入经济大动荡、格局大调整、体系大变革、全球大变局的新阶段。国际冲突日益加剧，地缘政治动荡起伏，俄乌冲突影响持续，西方国家不断加重对俄制裁，世界经济格局进入深刻调整期，不稳定不确定性因素显著增多。特别是，美国对华遏制打压依然强硬，中美关系的复杂性、不确定性，是我国发展面临的最大外部风险。除反垄断、反补贴、知识产权、税收等传统境外合规领域需要重视外，经济制裁、出口管制、数据合规、反腐败反商业贿赂等新领域境外合规风险与挑战也需要企业高度警惕。

从国内环境看，国内油气、化工市场竞争进一步加剧，对公司依法合规经营提出更高要求；国内法律环境逐步完善、市场秩序日益规范；反垄断和反不正当竞争等市场执法力度不断加强；国家生态环境保护要求更趋严格，公司生产经营面临前所未有的强监管。更高的要求、更严的标准、更大的执法力度，势必倒逼企业加强基础管理、完善制度建设、规范投资决策，依法合规经营。

从企业自身看，当前公司改革发展正面临着空前激烈的创新竞争、绿色竞争、效率竞争、成本竞争，在经营、安全、信用、债务、金融、财务、稳定、国际化经营各方面都存在潜在的法律合规风险。必须牢固树立依法合规理念，把守法诚信作为安身立命之本，坚守“违法违规违纪的事一件不做，违法违规违纪的钱一分不赚”，当好依法合规经营的表率。今后一个时期，公司经营发展的外部环境更加复杂严峻，面临的法律合规风险明显增多，防范化解法律合规风险任重道远。

（二）2022 年重点法律合规风险评估排序

根据国内外法律环境发展趋势和法律合规政策调整变化方向，结

合中国石化经营业务及法律合规风险管理工作实际进行评估，2022 年中国石化十大重点法律合规风险为：**国际化经营法律合规风险、安全生产法律合规风险、生态环境保护法律合规风险、投资管控法律合规风险、大宗商品贸易法律合规风险、反不正当竞争与反垄断法律合规风险、劳动用工法律合规风险、专有技术知识产权保护法律风险、工程项目履行结算法律风险、财务税收管理法律合规风险。**

（三）重点风险管控目标、成因及应对措施

1. 国际化经营法律合规风险

风控目标：公司在国际化经营中严格执行决策程序，重大事项决策过程科学规范、依法合规，投后运营管理有章可循、规范有序，强化特定合规风险管控，切实防范国际化经营法律合规风险，避免发生系统性风险。

风险成因：国际政治经济形势持续震荡，地缘政治冲突加剧，公司国际化经营面临的政策法律环境和经营环境错综复杂，各国法律法规政策变化频繁，保护主义盛行。以美国为首的西方国家长臂管辖、域外制裁导致国际化经营面临制裁风险，对关键技术出口管制趋严引发“卡脖子”技术封锁风险。国际油价持续震荡，行业环境形势复杂，竞争加剧，导致履约风险不断升高。企业国际化经营过程仍然存在法律风险意识不强、认识不到位，防控措施不力的问题。“一带一路”沿线国家反腐败反商业贿赂风险，境外财税合规、环保合规、劳工合规、数据合规、知识产权合规、反垄断合规等特定风险升级。

应对措施：一是持续完善境外依法合规经营风险防控体系，加强国际化经营法律合规团队建设，坚持以合规管理体系建设为主线，深化完善制度、风控、内控、合规、法律“五位一体”法治工作和境外依法合规经营风险防控格局建设。二是持续跟进重点国家和地区立法、司法及执法动向。对重点敏感国家依法合规经营风险实施动态监控，强化风险识别与应对。三是健全完善两级审查法律工作支撑保障体系，

规范重大项目法律人员源头参与机制，结合涉外重大案件管理、涉外法律合规风险排查等工作，推动企业法律人员全过程参与境外项目工作。四是坚持境外法律合规风险排查处置机制，推进国际化经营单位建立健全符合自身境外项目特点的专项合规管理体系，严格管控油气合作、境外融资、货物及技术贸易、境外投资、工程服务等国际化经营业务法律合规风险，做好应对预案。五是持续强化事前专项防控措施。推动国际化经营单位编写交易对手合规调查清单和合规承诺书，将交易对手合规调查纳入内控风险矩阵。在已开展国际制裁、出口管制、反垄断经营者集中、反腐败反商业贿赂等专项合规工作基础上，加强涉外知识产权、环保等合规管理工作，不断提升风险管控能力和涉外保障能力。

2. 安全生产法律合规风险

风控目标：严格遵守安全生产法律法规，全面、深入、细致识别、研判安全生产法律合规风险，建立健全风险防范应对机制，形成依法合规、安全生产的良好环境。完善风险分级管控和隐患治理双重预防机制，确保HSE管理体系有效运行。

风险成因：一是承接体系要素要求部分的专业管理制度尚不健全，体系要求尚未融入基层技术规范、岗位操作法。二是企业对安全生产方面法律法规宣传贯彻力度不够，安全生产人员尊法守法意识淡薄，不能很好地执行安全生产制度和操作规范，存在安全隐患或发生安全事故的风险。三是项目建设可研阶段或过程中，未按规定取得相关行政许可，导致项目建设和合同执行过程存在发生安全事故的风险。四是未建立起有效可执行的风险隐患排查和应急处置机制，在事故发生初期未能有效控制，导致重大事故发生。

应对措施：一是建立安全生产法律法规识别转化机制。及时跟进安全生产法律法规变化，评估安全生产法律风险，将法律法规规定转化为内部安全管理制度，在此基础上落实安全责任制并细化工作流程，将安全生产责任细化分解到每位员工，落实到岗位，落实到人。发挥制度、流程的刚性约束力，全面提升公司安全治理能力。二是加强企业内部普法宣传，形成遵法懂法良好氛围。认真开展安全生产体系法律法规和制度的学习普及，开展《安全生产法》《刑法》《侵权责任法》等法律的普法宣传。尤其要宣贯好《安全生产法》，将普法与安全生产工作相结合，让员工遵法、学法、懂法，增强法律意识，能够灵活用法律知识解决安全生产中存在的矛盾与纠纷，化解法律风险。三是强化合法合规性审查。在项目建设初期，严格合法合规性审查，保证在项目建设开始前取得相关安全许可和资质。四是强化合同签订管理。严格审核和执行合同安全条款的内容，以及在供应商和施工方选定过程中，严格审查资质，确保依法合规。

3. 生态环境保护法律合规风险

风控目标：积极识别境内外环境法律法规风险，明确企业行为基准与环境法律合规的关键要素，避免因忽视风险的系统性效应导致企业、员工承担民事、行政和刑事责任，引导企业从传统的被动受监管、处罚、赔偿，到主动应对、管理、化解风险，推进绿色企业创建。

风险成因：一是国家深化生态文明建设，执法部门履职能力不断增强，社会大众的环保意识日渐提高，鉴于石油石化行业的特殊性，石化企业成为行政执法部门、社会公益组织关注的重点和焦点，全产业链环保诉讼和依法合规风险逐年加剧。部分企业 HSE 体系尚未有效运行，体系要求与管理制度、管理制度与岗位职责、岗位职责与检查考核之间存在错位和脱节。二是司法机关和环保组织发起环境公益诉讼的意愿高涨。检察机关和环保组织成为提起环境公益诉讼的“绝对主力”。三是企业处置环境事件、应对环保行政处罚经验不足、措施不力，环保风险化解不及时、不到位，不擅于运用行政复议和诉讼手段维权，为后期争议处理埋下隐患，并且容易引发公益组织提起诉讼，甚至环保刑事调查，造成环保法律风险加剧、影响升级。四是《企业环境信息依法披露管理办法》发布，环境信息依法披露将纳入企业信用管理，并且成为评价企业信用的重要指标。生态环境主管部门、社会公众、新闻媒体等加强监督。五是境外企业因“双碳”减排、气候变化等原因，可能面临东道国政府、环境公益组织及个人，以人权或民事侵权为由提起的气候变化诉讼、社区环境侵权公益诉讼或私益诉讼。

应对措施：一是组织编制环保法律法规识别清单，及时识别转化法律法规最新要求，开展环保法律专题培训，加强全系统相关岗位人员的法律法规识别能力，提升风险意识。二是强化环保违规、侵权争议应对的法律源头介入机制。对可能出现的环保争议事项，或受到国家及地方政府部门约谈、通报、限期整改、挂牌督办、处罚等情形，要充分评估、论证法律手段维权的可行性，用足行政复议和行政诉讼救济手段，争取实现从轻、减轻，甚至不予处罚目的，从而减少公益诉讼、刑事调查发生的概率，控制案件增量。三是高度关注长江、黄河流域企业的生态环境合规经营，着重对分布在长江、黄河流域的企业开展环境合规评价，完善符合企业实际的环保管理制度体系，精准定位环境法律风险点，制定切实可行的风险防控措施，将生态环境保护合规管理融入企业经营流程各环节。四是严格按照企业环境信息依法披露管理制度要求，规范工作规程，明确工作职责，建立准确的环境信息管理台账，科学统计、归集相关环境信息，做到及时、真实、准确、完整披露环保信息。五是根据“双碳”目标要求，督导重点排放企业树立碳管理意识，将碳排放与企业核心业务相结合，明确碳中和合规方案，高度关注上市公司环境信息强制披露制度和国内外对于ESG投资的趋势，依法履行碳减排义务，选准投资策略，实现承诺的减排目标。

4. 投资管控法律合规风险

风控目标：固定资产投资和资本金融投资项目相关法律尽调、交易结构、决策依据、合同章程等完整有效、依法合规，切实保护我方合法权益，规避投资风险，提升投资决策水平和管理效率。

风险成因：一是对投资项目适用的政策法规、行业规范等不熟悉或未动态跟踪，造成经营决策违反法律规定或引发法律纠纷。二是未开展法律尽职调查及交易对手合规筛查，未有效识别合作相对方风险，导致投资失败或增加后续运营风险。三是合资合同和公司章程中对我方权益有重要影响的关键条款缺失、重大事项决策机制不完善，造成投资项目难以实现经营目标或战略目标。四是未建立适当的退出机制，出现经营风险时无法及时退出和止损。

应对措施：一是加强主要经营地国家和地区政策法规研究及动态跟踪，组建专家团队通过VDRIVE平台及时发布法律法规变化动态和法律分析意见，形成共享机制。二是重点研究光伏、风能、氢能等新能源领域行业规范和监管政策，优化完善项目合法合规性论证内容，确保投资决策依法合规。三是注重交易对手合规筛查，组织制定采购、招标、销售等主要业务领域的合规调查表，项目可研阶段全面开展项目法律尽调和交易对手合规调查，避免投资风险。四是法律人员全程参与投资项目，严格落实合法合规性论证要求，及时提示重大法律风险，全面审核交易文件。五是学习宣贯股东协议起草指引及章程模板，提高制定规范性，确保公司治理结构符合我方利益、决策机制匹配我方股东地位、退出机制切实操作可行。六是加强参股公司管理力度，关注重大事项决策、委托授权程序、小股东权益保护、委派人员履职、商标字号使用等环节合法合规性审查。

5. 大宗商品贸易法律合规风险

风控目标：严格依法合规开展业务，避免被动卷入循环贸易、“空转、走单”业务，防止因此造成国有资产损失以及其他严重不良后果；坚决杜绝明知是循环贸易、“空转”“走单”业务而参与其中的情况。

风险成因：该类风险皆为企业早期发展需求导致，重点在于历史遗留案件的处理。部分企业早期未牢固树立新发展理念，持有不当的业绩观，盲目追求大额贸易带来的业务量，主动参与融资性贸易、“空转、走单”业务；部分企业风险敏感性不够，对供应商、销售客户的资信调查不到位，错误签署书面文件，未严格执行账实相符、货款收支等制度及管理要求，造成企业被动卷入融资性贸易、“空转、走单”业务，进而产生损失。

应对措施：一是提高政治站位。公司各级领导、员工应提高政治站位，坚决贯彻落实国资委、集团公司相关文件要求，结合2022年“严肃财经纪律，依法合规经营”综合治理行动和“合规管理强化年”有关要求，再次对经营业务进行排查，杜绝明知是融资性贸易或“空转、走单”业务而参与其中的情况。二是强化监督及责任追究力度。完善管理制度、调整岗位设置，加强业务操作过程管控及监督；对于处在高风险业务关键岗位的人员和主管领导，应当加强监督，加大对相关单位和责任人的责任追究力度。三是预防被动牵涉融资贸易而产生损失。存在大额贸易业务的单位，应按内控及制度要求扎实梳理相关业务实际情况，加强贸易实物管理、规范货款支付、升级贸易合作方资信管理、提高融资性贸易敏感性等，夯实防控措施，确保相关业务“账账相符、账实相符”，严防融资性贸易、“空转、走单”情况。

6. 反不正当竞争与反垄断法律合规风险

风控目标：公司坚决遵守国家反不正当竞争、反垄断法律法规，充分认识到不正当竞争、垄断行为破坏经营者之间的公平竞争，不仅损害其他经营者和消费者的利益，最终也损害自身核心利益。公司各相关单位及员工应充分认识到持久公平竞争文化培育符合自身长远发展利益，是避免直接或间接违反反不正当竞争、反垄断法律法规禁止性规定的根本保证，进而提升对不正当竞争和垄断违法行为的认知、防范及处置能力，有效预防和降低反不正当竞争和反垄断法律风险影响，树立依法合规经营的良好形象，促进企业持续稳定发展。

风险成因：一是通过订立排除、限制竞争的协议、决定或采取协同行为，包括固定价格、限制产量或分割市场、联合抵制交易等横向垄断协议以及转售价格维持、限定销售区域和客户或排他性安排等纵向垄断协议引发垄断协议风险。二是由于中国石化在成品油生产和零售市场天然的市场支配地位，在实际业务中，某些企业利用自身优势采用不公平高价或低价、低于成本价销售、附加不合理或不公平的交易条款和条件、独家或限定交易、拒绝交易、搭售、歧视性待遇等手段排挤、限制竞争对手，损害消费者利益，导致滥用市场支配地位违法行为的发生。三是在公司各类合资合作类项目中，出现《反垄断法》规定的经营者合并、经营者通过取得股权或者资产的方式取得对其他经营者的控制权、经营者通过合同等方式取得对其他经营者的控制权或能够对其他经营者施加决定性影响的情形时，未就经营者集中合规风险做出分析识别或未履行申报程序。四是企业及其员工违反竞争法，因实施虚假宣传、不当有奖销售、网络平台数据造假、大数据杀熟等不当竞争行为引发法律责任、造成经济或声誉损失及其他负面影响。

应对措施：一是结合公司业务领域实际，有关单位、领导干部和关键岗位员工应学习、了解、掌握反不正当竞争、反垄断立法、执法和司法实践，能够识别和了解本单位生产经营活动中可能存在的反不正当竞争、反垄断法律风险，明确哪些行为应当做，哪些行为绝对不能做，建立健全反不正当竞争、反垄断法律风险识别、排查、评估、处置机制，有效防范因反不正当竞争、反垄断违法行为带来的巨大经营风险及严重后果。二是根据自身业务规模、行业特点等建立行之有效的反不正当竞争、反垄断合规管理制度，并确保制度得到严格执行。三是明确反不正当竞争、反垄断合规管理部门、责任人和岗位职责，完善合规咨询、检查、预警、评估、培训、考核等内部机制，制定科学务实的合规策略。

7. 劳动用工法律合规风险

风控目标：及时识别、消化劳动法律法规，避免企业主动违法；完善内部管理规章，规范日常各种形式用工管理；做好员工入职及离职管控，完善劳动合同签署、续签、解除的全流程管理；强化证据意识，员工档案工作要做到周密、严谨；强化涉外劳动用工、劳动合同等重点领域劳动法律研究，全面防范境内外劳工风险。

风险成因：一是企业正常用工管理引发的劳动争议。企业因员工严重违反企业规章制度造成经营损失，向劳动者提出解除劳动合同引发争议。劳动者不满意企业在加班工资、福利补贴、社会保险以及工伤认定等方面的安排引发争议。二是劳务派遣引发的劳动争议。存在用工单位和用人单位对劳务派遣责任划分约定不清从而引发争议。因内部用工需要对劳动者或劳务派遣人员进行岗位调整，或薪酬待遇等方面发生变化引发劳动争议等。三是工程承包用工引发劳动争议。存在工程建设过程中发包方代替承包方管理劳务人员、分包商欠付劳务费等情况，劳动人员起诉要求发包方确认劳动关系或支付劳务费等。四是由于境内外文化、风俗习惯差异较大，对当地劳动法规、内部劳动管理制度、合同文本约定理解不同，调整或解雇员工不规范等产生相关争议。

应对措施：一是及时识别消化劳动法律法规，避免主动违法。二是严格按照法律法规要求，完善内部管理制度，规范日常各种形式用工管理。三是进一步规范业务外包或业务承揽管理，签署业务外包或承揽合同时要使用中石化标准合同文本，不得任意增删合同实质条款。在执行业务外包或承揽合同过程中，要避免被认定存在与承包单位混同用工的情况。四是做好员工入职及离职管理，完善劳动合同的签署、续签、解除的全流程管理，员工档案工作要做到周密、严谨。五是针对系统内劳动纠纷高发的重点领域，如工程承包、福利待遇、劳务派遣、业务外包等，做好全流程劳动法律风险防控工作。六是加大对涉外劳动法律纠纷风险防控，做好对系统内重点投资领域东道国相关劳工法律的研究及尽职调查，确保劳动合同文本符合当地法律法规要求。严格薪酬制度管理，避免内外部员工、异性员工“同工不同酬”。充分了解、尊重当地风俗习惯，建立和谐涉外劳动用工环境。

8. 专有技术知识产权保护法律风险

风控目标：聚焦核心关键技术，积极推进侵权案件处理，加快由被动维权向主动保护转变的步伐；强化专有技术形成、运用、许可环节的保护措施，从源头防控泄密、产权风险，助力公司保持竞争优势，打造技术先导型公司。

风险成因：一是保护意识有待加强。企业自身技术研发和工业化过程中的资料文档管理不规范，对涉密人员管理不到位，随着技术人员的流动和技术合作的开展，存在技术秘密被非法披露或使用的风险。合作或委托开发合同约定不清，产生知识产权归属纠纷。二是法律维权难度大。相关企业和人员缺乏证据意识，涉及专有技术的文件资料创建和保管不当，部分证据无法收集，难以证明被侵权事实。专有技术案件民事与行政、鉴定等程序交织，技术事实查明难度大，存在“举证难、周期长、成本高、赔偿低”的问题。三是保护手段不到位。部分专利文件撰写质量不高、专利稳定性不足，专利维权受到限制；部分专有技术保密措施不当，技术秘密非公知性无法得到认定；侵权监测和侵权线索收集机制尚不完善，难以及时发现侵权行为并采取妥善措施。四是涉外专有技术风险显现。出口的专利技术产品受到竞争方知识产权侵权挑战，公司境外研究机构的技术回输也受到所在国合规监管，公司“走出去”带来的涉外知识产权风险日益增加，对风险防控提出更高要求。

应对措施：一是加强专有技术法律保护顶层设计，夯实保护根基。根据国家相关法律法规变化，修订集团公司各类知识产权制度。强化专有技术全链条法律保护和各利益主体的协同保护。建立完善立体化专有技术法律保护体系。二是加强专有技术形成环节的法律保护，抓实源头防控。三是加强专有技术运用环节的法律保护，抓实过程防控。四是服务保障科技创新，筑实风险防控基础。法律工作主动服务保障科技创新和科技体制改革，推行使用标准合同示范文本，不定期编发知识产权法律风险预警提示，建立典型案例指导制度。五是加强法律维权能力建设。健全维权工作管理体系和侵权监测、线索收集机制，加强维权证据管理，灵活运用行政、刑事、民事手段多措并举开展维权。六是加强境外专有技术法律保护，服务保障世界领先发展方略。加强国际科技合作项目专有技术条款法律审查，建立境外专有技术法律环境变化动态跟踪机制，完善境外专有技术纠纷预警防范机制，提高涉外专有技术纠纷应对处置能力。

9. 工程项目履行结算法律风险

风控目标：依法合规开展资金业务，持续压降两金占用规模，有序开展应付款项结算清欠，及时有力开展应收账款法律清收，有效防范、高效化解合同结算争议及因结算引起的诉讼风险，最大限度维护公司经济利益，按计划实现年度资金盈余目标。

风险成因：一是工程承包类合同数量多、金额大，并且工程承包业务涉及主体多、环节多，专业性强，建设单位和系统内的承包商存在利益博弈，外部长期合作的优质承包商队伍尚未建立，容易产生结算法律风险。二是行业上游、中游投资项目建设减少，市场竞争激烈，部分工程承包合同权利义务不对等，加上疫情带来的原材料、人工成本上涨及工期延误，项目运营风险普遍增高。三是工程管理存在违规或风险防控措施不到位情况，为纠纷诉讼埋下隐患。

应对措施：一是严格审查交易方资信情况。在工程任务承揽中，坚持“三不接”原则，即对方单位资信不佳的项目不接、资金不到位的项目不接、垫资的项目不接。二是加强项目合同执行管理工作，做好签证单的管理，做到量价合理、准确、真实、规范。及时收集整理保存证据，同时细挖证据间的关联性。三是加强分包管理，严控层层分包和违法违规转包。就工程招投标、发包、管理等问题书面告知建设单位，依法选择有资质的承包商，加强对承包商的分包管理，树牢责任意识，杜绝以包代管。四是妥善处理纠纷。在纠纷处理方案制定环节严格把关，从合同效力的审查、诉讼当事人的确定、司法鉴定程序的适用等方面重点研判分析，拟定得当的诉讼策略。

10. 财务税收管理法律合规风险

风控目标：严格遵守国家和业务所在国财务税务政策和监管法律法规，遵守公司内控和制度管理要求，确保企业财务税务管理依法合规，避免因违法、违规、违纪导致承担法律责任。

风险成因：一是受疫情影响和国际局势变化，导致部分国家和地区局部冲突加剧、政策法律不稳定性升高，对外国投资者来说，其当地资产面临的国有化风险有明显上升趋势。二是随着全球通胀加剧、俄乌冲突引发的各国制裁和反制措施频出，发生大规模国际金融危机的可能性不断增加，各国财税法律政策变化更加频繁，对油气行业的税收征管更趋严格，如不能对业务布局和合作模式及时作出调整，可能遭受巨额损失甚至面临各种处罚。三是随着 BEPS 行动计划在不同国家（地区）的推行和 CRS 国家（地区）之间税收信息交换增强，征管信息不对称现象越来越少。国外离案公司注册对经济实质的要求有进一步提高趋势，海外公司需要及时调整税务筹划，避免违法违规违纪情况的发生。四是协议中税务条款约定不清晰、条款约定与当地税法要求不符。

应对措施：一是密切关注国际局势变化，针对不同国家和地区的外汇利率、税收监管、金融市场震荡等风险类型及时制定应对预案，提前调整业务布局和合作模式，尽力降低可能的损失，做好风险研判和应对预案。二是严格遵守所在国金融财税政策和监管法律法规，确保财税工作的合法合规性。对法律法规的模糊性规定要时刻关注后续说明，正确解读，制定和实施适合现行法律法规、监管规定的法律风险防控机制，做到业务与法律风险防控高效统一。三是开展对外投资经营活动时，应开展详细税务尽职调查，在法律框架内开展税收筹划。项目谈判过程中，对涉及的财税条款进行详细明确的约定，避免因约定不明产生争议。对履行中的合同，可通过补充协议对财税条款中约定模糊的内容进行明确和完善。四是加大财务监控力度。定期或不定期对下属公司进行财务审计，以及时发现并纠正下属公司财务活动中存在的问题，增强其内部控制意识，降低财税风险发生的概率。

三、2022年度法律合规风险管理工作安排

2022年，中国石化将坚持以习近平新时代中国特色社会主义思想为指导，全面贯彻党的十九大、十九届历次全会精神，继续深入学习贯彻习近平法治思想及习近平总书记视察胜利油田重要指示精神，认真落实国务院国资委“严肃财经纪律，依法合规经营”综合治理行动、“合规管理强化年”各项要求，围绕打造世界领先洁净能源化工公司等目标任务，完善构建“五位一体”法治工作格局，基本形成职责分工更加明晰、机制运行更加顺畅、合规意识更加牢固、风险防控更加有效的合规管理体系，为公司在新时代新征程上再立新功、再创佳绩提供有力保障，以实际行动迎接党的二十大胜利召开。

（一）全面开展“合规管理强化年”行动

落实国资委工作部署，制定实施集团公司“合规管理强化年”工作方案。各单位8月完成合规管理体系建设。制定“两高一重”合规风险识别清单、岗位职责清单和流程管控清单。压实“管业务必须管合规”责任制，推动重点领域合规管理落实情况纳入纪检监察（监督）、巡视巡查、内部审计。举办涉外法治专题党组中心组扩大学习。编制重点领域专项合规管理工作指引。推进总法律顾问专职专业化，列入国资委重点子企业的单位要加快配备专职总法律顾问、推进法律合规机构建设。总法律顾问缺配单位应在上半年配备到位。

（二）切实抓好经营业务合规专项治理

落实集团公司“严肃财经纪律，依法合规经营”综合治理行动中“经营业务合规管理”专项治理要求，与“合规管理强化年”工作方案一体部署、同步实施。组织开展一次全级次、全方位、全领域合规风险排查，上半年各单位完成自查，下半年总部统筹开展检查。坚持将合法合规性审查和重大风险评估作为重大决策事项必经前置程序，确

保应审必审，严格责任追究。强化安全环保、财务税收、大宗商品贸易、反垄断、个人信息保护、知识产权、商业伙伴等重点领域合规风险防控。严格法律合规风险事件报告制度，严禁瞒报、谎报、漏报违法违规问题。开展企业信用自律专项合规管理工作，严格行政许可、资质、证照管理。关注高风险国家和地区政策与法律法规变化、重大突发地缘政治局势风险，开展境外法律合规风险排查处置。完成境外反腐败、国企特殊规则等法律法规信息库建设。

（三）优化完善制度体系，提升制度执行力

统筹直属单位“三重一大”制度建设，推进国企改革三年行动和对标提升行动，在完善公司治理中加强党的领导，规范决策程序，推进科学决策，推动制度优势转化为治理效能。编制实施年度制度“立改废”计划，进一步压数量、提质量。优化完善分层分类的制度体系架构，建立健全基本、重要制度清单，规范审批决策程序，提高制度严肃性权威性。落实上下位制度承接管理要求，强化制度传导落实。坚持“谁制定、谁宣贯”，加大制度宣贯力度。研究建立业务流程基础数据库，推进制度流程化、信息化。

（四）服务保障重大改革发展项目

法律合规人员全程参与混合所有制、“两非”清理、资本运作和融资担保等重大改革发展项目。跟进“三新”项目，强化法律合规尽职调查和合法合规性论证，将“双碳”“双控”“两高”要求纳入重大项目合法合规性论证。将重点业务的合作伙伴和交易对手合规调查融入业务流程。强化合同条款、文本中的HSE管理、合规承诺。开展强化合同应签未签、补签倒签和线下合同问题专项整治工作。推进合同管理信息系统建设，推广危废处置合同等场景化功能，完善大宗商品贸易等风险分析预警功能，扩大区块链电子合同试点实施，深化与信用平台、科技管理、税务管理等系统的集成。

（五）持续推进纠纷案件“压存控增”

加大历史遗留案件处置力度，推动存量案件数量和涉案金额较上年度再双降10%，力促公司轻装上阵，提质增效。落实直属单位党委前置研究重大诉讼、仲裁处理方案相关要求。坚持发案单位负责制，确保不因纠纷案件处理应对引发系统性风险。分类分级采取法律清收，力促“两金”压降。推进法律共享平台与内部信用平台、司法大数据集成。加强典型案例分析，及时发现管理问题，堵塞管理漏洞，推动“以案促管、以管创效”。

（六）加强重点领域法律风险防控

妥善应对生态环保类诉讼及行政处罚，守住依法合规的底线红线。加强“双碳”和长江、黄河流域生态环境保护等政策法律研究，修订石油石化企业生态环保法律风险防控手册，充分利用法律救济手段降低公益诉讼发生概率，控制发案增量。推进知识产权维权案件应对处置，加快由被动维权向主动保护转变的步伐。适应打造技术先导型公司任务要求，为加快科技创新、科技体制机制改革提供法律服务保障。加强信访维稳工作法律支持服务，妥善处置涉法涉诉信访事件。

（七）夯实法律合规基础工作

统筹研究国家立法征求意见，积极反映行业和企业诉求。加强合规、合同、生态环保、知识产权法律培训。深化提升法律共享平台应用深度和广度，推进合规管理信息化建设。完善全系统工商信息股权和管理族谱，完成国资委中央企业组织机构信息管理系统对接运行。修订商标管理办法，及时完成有关商标续展工作。深入推进“八五”法治宣传教育，继续开展“美好生活·民法典相伴”和国家宪法日等重要法治宣传日专题普法活动。

附件1　中国石化法律合规风险清单指引（2022年版）

序号	一级风险名称	二级风险名称	三级风险	
			风险名称	风险描述
1	（一）公司设立、治理、解散法律风险	公司设立	企业组织形态选择的法律风险	子公司、分公司选择不当（新增业务的收益能力不足而选择子公司；新增业务风险较高而选择分公司）
2			涉及出资的法律风险	虚假出资、抽逃出资（通过虚假手段取得验资机构验资证明，从而造成表面上已经按章程约定的出资额出资，但实际上并未出资到位的情形；将所缴纳的出资额暗中抽逃撤回，但仍保留股东身份和原有的出资份额）
3				股比分配不当，参股不控股、均衡股权结构
4			法定代表人	法定代表人与法人或法人代表混淆
5				法定代表人越权代表（超越公司章程或股东会决议对其权利限制，以法人的名义与相对人签订合同，或在对外出具的文件上签字）
6			公司注册过程中的法律风险	注册地与经营地不一致
7				超越经营范围
8		公司治理	公司设立协议和公司章程	公司设立协议缺失，签订的公司设立协议过于简单，或不重视公司设立协议的签订，导致出资人之间权利义务的边界过于模糊
9				公司章程内容不明确；随意修改公司章程，未经合法程序擅自对公司章程进行修改，或伪造其他股东签名擅自更改公司章程
10			股东（大）会、董事会及监事会设置	会议决议瑕疵，无法形成决议、形成决议程序不合法，如临时变更会议内容没有重新通知未参会的人员；决议形式不合法，如董事会出席会议的董事和记录员没有签字
11				监事会成员不符，如监事会成员少于三人不足法定人数；或职工人数不足监事会成员三分之一；以及董事、高级管理人员兼任监事等。监事会不履行或怠于履行监督义务以及滥用职权风险

续表

序号	一级风险名称	二级风险名称	三级风险	
			风险名称	风险描述
12	（一）公司设立、治理、解散法律风险	公司治理	“三重一大”决策制度	对“三重一大”事项范围的认定不科学、不全面，应该纳入“三重一大”范围的事项没有纳入
13				“三重一大”决策程序不够严密
14		公司解散	公司解散	公司僵局致使公司解散（公司代理利益的各方股东约定股权比例为50%，约定股东会的决议须经代表1/2以上表决权的股东通过，在对公司增加或减少注册资本、合并、解散、变更公司形式、修改公司章程作出决议，且股东意见不一致时，容易陷入公司僵局。）
15				司法解散诉讼的主体资格
16		工商事务管理	工商变更登记备案	未及时对公司名称、经营范围、住所等工商登记信息进行变更登记或备案
17			工商年报等信息填报	未及时按要求对有关工商信息进行公示，未按时开展企业年报工作
18			及时办理工商注销登记	企业被吊销营业执照后，未及时办理注销登记
19			经营业务未取得行政许可、证照、资质	特定业务未取得相关经营证照或行政许可（成品油证、危化证、消防合格证、燃气经营许可证、道路运输经营许可证、测绘许可证、林木采伐许可、使用林地审核同意书、出版许可证、排污许可证等）
20				特定业务未根据法律法规、规章的规定进行备案
21			企业信用信息修复	未进行企业信用修复
22	（二）投资管控法律风险	合资合作及并购项目投资阶段不合规	未按规定开展法律合规尽职调查，或尽职调查不充分	未对合作对方、目标公司资产或股权做专业、完整、详尽的法律尽职调查，未进行法律风险分析，未能发现重大法律瑕疵，对项目法律风险评估、揭示不足，存在重大疏漏
23			未按照国资监管等相关法律法规要求进行资产或股权审计评估	以非货币资产出资或收购资产、股权时，未按照法律法规及制度规定委托审计评估机构，或评估结果未做批准或备案

续表

序号	一级风险名称	二级风险名称	三级风险	
			风险名称	风险描述
24	（二）投资管控法律风险	合资合作及并购项目投资阶段不合规	合资合作或并购项目合同与章程的起草与变更不符合法律法规及公司内部制度要求，对我方权益有重要影响的关键条款缺失	合同文本主要权利义务条款缺失，难以作为合同当事人合作的依据；缺少股东单方审计权、分红安排、退出条款、安全环保责任、党建入章条款等关键内容；未经批准，放弃我方重要权利或未充分落实谈判结果，遗漏对我方关键性权利条款，无法依据法律文件行使相关权利
25			重大事项管控条款不完善	在我方对合资公司经营管理无实际控制的情况下，对出资、关联交易、担保、资金拆借及投资审批等重大事项条款未约定适当管控或无否决权，依据法律文件，我方对该类重大事项无任何控制力
26			合资合作项目再投资管理约定不适当	未清晰约定合资合作项目投资管理模式，合同或章程中没有相关条款，对方不同意按照我公司制度要求先履行我方内部投资管理审批流程
27		合资合作及并购项目运营阶段不合规	三会不能按照公司章程进行，委派的董监高不履职	未按法律规定和章程规定召开股东会、董事会和监事会，无相关记录，公司章程中对三会职权约定不符合法律法规等要求，股东代表、董事无履职记录，不按章程或我公司管理制度规定履职，到期换届不及时
28			重大事项未按照制度要求报批	股权管理单位未按照制度要求明确股权投资单位重大事项审批权限及流程，或未按照要求履行重大事项报批，导致不能及时参与被投资单位重大事项决策，不能及时发现重大问题，损害我方权益
29			被大股东侵权，未能及时维权。	合作方大股东在资金使用、关联交易、利润分配等环节侵害我方权益，委派人员未按照章程规定提出意见或未及时上报，股权管理单位未及时维权
30			滥用大股东权利，侵害小股东利益	在我方是大股东的情况下，违反章程规定侵害小股东权益，产生法律纠纷

续表

序号	一级风险名称	二级风险名称	三级风险	
			风险名称	风险描述
31	（二）投资管控法律风险	战略性新兴产业股权投资项目退出机制不完善	法律尽职调查未能揭示风险，未能约定适当的退出机制	未做法律尽职调查或尽职调查不完整，未能揭示重大法律风险；参股情况下未对退出机制做出事先安排，或约定不适当，导致我方难以退出
32		新设或参与基金项目	基金管理人协议、基金章程等法律文件不符合法律法规及内部制度规定	基金章程等法律文件相关条款不利于我方权益保护，转投、退出利润分配、终止解散、信息披露等条款约定不清
33	（三）招标投标法律风险	招标	未按法定的项目范围和标准招标	工程建设项目及其物资、设备采购，达到法定的招标条件，应招标而未招标，或应公开而邀请招标，或以化整为零、“议标”等方式规避招标等
34			招标文件内容违法或不完备	编制招标公告时未使用标准文本，招标公告未在指定媒体发布，不同媒介发布内容不一致
35				招标文件内容不规范、不明确、不完备，招投标双方的权利义务、评标标准、原则等招标文件的内容违反法律法规，缺少评标标准等关键性内容
36				招标文件设定的技术指标有针对性、倾向性或排斥某一潜在投标人；设定的评标标准标明某一特定的专利、商标、设计、型号、具体原产地或生产厂家
37			招标程序违法	依法必须招标项目的招标范围、招标方式、招标组织形式应当报项目审批、核准部门审批
38				委托不具备相应条件的招标代理机构进行招标，或与其约定的权利义务不明确
39				法定招标项目中，给予投标人编制投标文件的时间少于 20 日

续表

序号	一级风险名称	二级风险名称	三级风险	
			风险名称	风险描述
40	（三）招标投标法律风险	招标	招标程序违法	泄露标底或透露可能影响公平竞争的其他信息
41			招标文件澄清与修改	招标文件和资格预审文件澄清和修改的内容可能影响投标文件或者资格预申请文件编制，而招标人未发出书面文件通知所有投标人或潜在投标人，或距离提交资格预审申请文件截止时间少于3日或投标截止时间少于15日而未延期
42				未核实投标人出具的授权委托证明的真实性，未要求授权委托人出具身份证明
43		投标	未核实招标人的资信能力	招标方不是合法组织，没有按照国家相关规定履行审批手续，招标项目的资金不到位或资金来源不确定等
44			未依法依规投标	与招标人或其他投标人串通投标，以行贿的手段谋取中标，以他人名义投标或者以其他方式弄虚作假，骗取中标
45				投标人准备撤回已提交的投标文件，但未在投标截止时间前书面通知招标人；投标人发生合并、分立、破产等重大变化的，未及时书面告知招标人
46				投标人未在标书中注明中标后拟将中标项目的部分非主体、非关键性工作进行分包
47				投标文件未经投标单位盖章和单位负责人签字、投标联合体未提交共同投标协议、同一投标人提交两个以上不同的投标文件或者投标报价（招标文件要求提交备选投标的除外）、投标文件没有对招标文件的实质性要求和条件作出响应的
48		开标	开标现场操作不合规	投标人数不达标强行开标；招标人对投标人提出的开标异议未当场答复，并制作记录
49		评标	组建评标委员会违规	未按要求组建评标委员会
50			评标现场操作违规	招标人向评标委员会明示或暗示其倾向或排斥特定投标人；评标委员会成员行为违规；评标委员会违规否决投标；评标委员会成员暗示或诱导投标人做出澄清、说明

续表

序号	一级风险名称	二级风险名称	三级风险	
			风险名称	风险描述
51	（三）招标投标法律风险	定标	中标候选人公示违规	招标人未在规定时间内，按规定时间进行中标候选人公示；或公示内容不合规
52			中标人的确定违规	无正当理由确定非排名第一中标候选人为中标人
53			履约保证金收取退换违规	履约保证金超过中标合同金额的 10%，或者招标人在书面合同签订后 5 日内未向中标人和未中标的投标人退还投标保证金及银行同期存款利息
54			招标结果异议处理违规	招标人未在规定时间内答复投标人对评标结果的异议；或在答复前未暂停招标投标活动
55		交易平台	交易平台功能不合规	交易平台未采用身份识别、权限控制、加密、病毒防范等技术，非法授权操作未控制，无法保证交易平台的安全、稳定、可靠，无法保证数据电文不被篡改、不遗漏和可追溯
56				平台上保存的电子文件不完整，不可下载；加密投标文件被提前解密；或评标过程中电子文件不可用
57				未向社会公众、市场主体、招标投标活动当事人、行政监督部门和监察机关使用交易平台提供必要条件
58				招标投标活动中的数据电文未按要求进行电子签名或存档
59				交易平台上的资格预审公告、招标公告、资格预审文件、招标文件等未使用标准化、格式化数据电文
60	（四）合同法律风险	合同准备	合同相对方主体不适格或委托代理人资格瑕疵	合同相对人不具备相应资信、资质能力，或者主体不合规，存在重大违规情形
61				合同相对方的委托代理人资格瑕疵
62			我方代理人资格瑕疵	我方代理人资格瑕疵

续表

序号	一级风险名称	二级风险名称	三级风险	
			风险名称	风险描述
63	（四）合同法律风险	合同订立	合同文本内容不完备	合同条款对合规、标的明细、质量标准、质保期、质保金、保密、违约责任、争议解决方式等内容约定不明确
64				合同文本页码错误、缺失
65			合同专用章使用不当	未建立合同专用章管理制度或制度不清晰、不准确，或是合同专用章未由合同管理员统一管理等，导致专用章未按规定、授权使用或被盗用；多页合同未加盖骑缝章；未按规定使用电子合同专用UBS-Key
66			未签、未按要求及时签订书面合同	应签未签，补签、倒签合同
67				未在中标通知书发出之日起30日内订立合同，或未按照招投标文件要求，订立背离合同实质性内容的协议；或通过合同变更改变原合同中的实质性条款
68				中标人向他人转让中标项目，将项目的主体工程分包出去或将项目分包给没有资质的建筑单位或将中标项目肢解后分别向他人转让
69			未与合同谈判人员签订保密协议	未与合同谈判人员签订保密协议
70			合同签署未注明签署日期	合同签署未注明签署日期
71		合同履行	不适当履行合同义务	未按合同约定的时间、金额及方式支付价款
72				逾期交付标的物
73				未按约定的方式、地点、数量、质量等履行合同
74				未尽到通知、保密、协助等义务
75			怠于行使合同权利	未按生效合同约定及时行使权利
76			对方违约，我方应对不当	发现违约行为未及时按照法律程序及合同约定进行索赔
77				发现对方违约而未采取适当措施防止损失扩大

续表

序号	一级风险名称	二级风险名称	三级风险	
			风险名称	风险描述
78	（四）合同法律风险	合同履行	未依法行使履行抗辩权	合同履行过程中已发现对方资信状况出现严重危机可能影响企业债权实现，仍向其履行
79				合同未约定履行顺序，对方未履行或履行不符合约定而要求企业履行，企业按其要求已履行
80				合同约定履行顺序，对方应先履行而未履行或履行不符合约定而要求企业履行，企业按其要求已履行
81			证据收集、保管不善	合同履行部门或协助履行单位对合同履行的相关证据未能及时收集或保管不善，导致证据遗失、损毁，在诉讼中使我方处于不利局面。未经法律审核，向对方出具或签收、确认改变合同权利义务的书面凭证
82			合同变更、解除程序瑕疵	合同变更、解除未签订书面协议，或单方解除未履行必要的法律程序
83				合同履行过程遇不可抗力后未及时协商变更或解除
84			未按合同约定支付质保金	合同余款（质保金）未按约定结清
85		合同终结	未及时办理合同终结手续	合同文本及附件未及时归档，未及时开展合同后评价工作
86	（五）大宗商品贸易法律风险	主动参与融资性贸易业务风险	主动参与融资性贸易业务，或“空转、走单”业务风险	为追求业务量或个人利益，而违反国资委、集团公司严禁开展融资性贸易业务等相关要求，参与融资性贸易业务，或“空转、走单”业务
87		被动牵涉融资性贸易业务风险	货物实物缺失风险	不清楚贸易的实质，被欺骗或隐瞒事实，而未按制度要求严格监管货物实物，未做到相关业务“账账相符、账实相符”，未及时发现相关货物不存在、被转移或灭失

续表

序号	一级风险名称	二级风险名称	三级风险	
			风险名称	风险描述
88	（五）大宗商品贸易法律风险	被动牵涉融资性贸易业务风险	错误进行货款收支风险	不清楚贸易的实质，被欺骗或隐瞒事实，而未收货先付款，或先发货后收款，导致资金损失
89			贸易合作方资信异常风险	资信调查不足，错误选择供应商或销售客户，或未及时发现供应商或销售客户资信情况的重大变化，而被动牵涉融资性贸易，或“空转、走单”业务
90			贸易合作方私自进行保理融资	供应商在未示明情况下，将贸易相关应收账款转让、质押给保理商用于融资
91	（六）工程项目履行结算风险	合同效力结算风险	合同无效的结算风险	具有下列情形的合同依据法律规定认定为无效： （1）承包人未取得建筑业企业资质或者超越资质等级的； （2）没有资质的实际施工人借用有资质的建筑施工企业名义的； （3）建设工程必须进行招标而未招标或者中标无效的； （4）承包人因转包、违法分包建设工程与他人签订的建设工程施工合同，合同无效
92			多份合同的结算风险	一个项目存在多份合同，相互矛盾且合同中有效合同与无效合同并存，甚至实际履行的合同与最后签订的合同不清
93			黑白合同的结算风险	当事人就同一建设工程项目另行订立改变工期、工程价款、工程项目性质等影响中标结果实质性内容的协议，导致合同双方当事人享有的权利义务发生较大变化
94		工程变更结算风险	设计变更的结算风险	由于发包人对工程的功能使用、规模标准等方面提出新的调整要求，构成设计的实质性变更，引发工程费用和工期的大幅增加，而当事人不能对价款调整达成一致意见
95			工期变更的结算风险	承包人未能按照合同工期交付工程，且没有工期顺延的情形
96			材料、人工价格发生重大变化的结算风险	工程价款约定实行固定价结算，在实际履行过程中，钢材、木材、水泥、人工等对工程造价影响较大的主要建筑材料和人工费用发生重大变化，超出了正常市场风险范围

续表

序号	一级风险名称	二级风险名称	三级风险	
			风险名称	风险描述
97	（六）工程项目履行结算风险	合同瑕疵履行结算风险	未完工程的结算风险	未完工程俗称半拉子工程或烂尾工程，实践中，有因承包人原因造成工程烂尾的，也有因发包人原因造成烂尾的，导致工程结算困难
98			质量出现问题的结算风险	建设工程不符合质量约定，既包括不符合当事人双方约定的标准，又包括不符合国家对建设工程质量强制性的规范标准
99			未竣工验收的结算风险	发包人擅自使用未经竣工验收的建设工程，又以使用部分质量不符合约定为由主张权利
100		附条件的结算风险	背靠背条款情形下的结算风险	总承包方与分包方约定，总承包方支付分包方工程款的前提是发包方支付给总承包方之后，若发包方未付款，总承包方可不予以付款
101		其他	行政审计情形下的结算风险	合同约定工程价款或双方已经委托中介机构审计并确认的价款，与政府行政审计确定的价款不一致
102	（七）筹融资法律风险	筹融资法律风险	银行贷款法律风险	借款人未按时偿还银行贷款或违反贷款合同约定、担保人违反担保合同约定
103			项目融资法律风险	借款人未按时偿还银行贷款或违反贷款合同约定、担保人违反担保合同约定
104			发行债券融资法律风险	债券发行人未按时偿还债券或违反债券募集说明书、债券条款等；担保人违反担保文件约定。债券融资程序违规
105			担保法律风险	借款人、债券及票据发行人、融资租赁主体违约导致担保人承担保证责任，担保人违反担保合同约定
106	（八）知识产权法律风险	专利	研发成果权属不清晰	未与员工（包括返聘员工\劳务工）约定专利申请权、专利权归属；未与合作方约定专利申请权、专利权归属
107			专利申请不当	未对是否符合专利条件或是否适宜用专利方式保护进行有效论证；未及时对符合专利条件且适宜以专利方式保护的技术成果申请专利；可适用专利优先审查的专利，因未申请优先审查贻误申请时机

续表

序号	一级风险名称	二级风险名称	三级风险	
			风险名称	风险描述
108	（八）知识产权法律风险	专利	用于解释权利要求的说明书及附图质量不高	专利权的保护范围以其权利要求的内容为准，说明书及附图等用于解释权利要求的内容，但该部分内容不全面、不周延，造成专利权不稳定
109			专利许可合同约定不明	对许可方式（独占、排他或普通实施）未明确约定
110			引进权利状态不明的专利技术	合资合作、重大技术及装备项目引进的专利、专有技术存在权利瑕疵；或对已超过保护期限的专利继续支付使用费
111			专利权行使不合法	未按时缴纳专利年费
112				用专利出资时未经评估作价或未办理出资手续
113				未审查拟许可的专利权的法律状态，对外许可无效或失效专利
114				未经其他共有人同意，对共有专利实施对外的独占实施许可或排他实施许可
115				未审查拟许可的专利权的自由实施情况，未进行技术交底并开展自由运作权分析
116			侵犯专利权的行为	交易相对方或其他人未经我方许可，擅自实施我方专利
117				未经许可擅自使用他人专利；超出专利许可范围、期限及其他要求使用他人专利
118		商业秘密	商业秘密保护不当	未划定商业秘密范围及等级，并采取相应的保密措施
119				对外交流或技术合同中未约定对方保密义务
120			他人侵犯我方商业秘密	外部人员通过盗窃、贿赂、欺诈、胁迫、电子侵入或者其他不正当手段侵犯我方商业秘密
121			侵犯他方商业机密	违反保密义务或者违反权利人有关保守商业秘密的要求，披露、使用或者允许他人使用其所掌握的商业秘密；教唆、引诱、帮助他人违反保密义务或者违反权利人有关保守商业秘密的要求，获取、披露、使用或者允许他人使用权利人的商业

续表

序号	一级风险名称	二级风险名称	三级风险	
			风险名称	风险描述
121	（八）知识产权法律风险	商业秘密	侵犯他方商业机密	秘密；以盗窃、贿赂、欺诈、胁迫、电子侵入或者其他不正当手段获取权利人的商业秘密；披露、使用或者允许他人使用以前项手段获取的权利人的商业秘密
122		商标	未及时注册或续展商标	对生产经营中使用的商品标识、服务标识，未及时申请注册，未按规定及时续展商标，对影响较大的商标未申请认定驰名商标
123			商标侵权行为	有业务往来的各类供应商、服务商，各类参控股企业或其他企业擅自使用我方商标，以及我方擅自使用他人商标、假冒或仿冒他人商标等侵犯他人商标权的行为
124		著作权	著作权属约定不明，或职务作品行使权利不及时	未在委托创作合同及合作创作合同中明确约定著作权权属；未对符合法定条件的职务作品及时行使除署名权之外的其他权利
125			侵犯著作权的行为	员工自行使用第三方软件或者非法软件；他人抄袭、剽窃我方作品，或复制、传播我方软件；在官方微博、微信公众号等网络平台和部分产品、宣传中使用的字体、摄影作品、图片、署名文章等内容侵犯他人知识产权
126				他人恶意抢注与我方商标、商号等相同或相似的域名
127		数据安全	数据安全风险监测	从事数据相关工作，不严格按照法律法规规定，不严格遵守法律、法规，不尊重社会公德和伦理，不遵守商业道德和职业道德、诚实守信、履行数据安全保护义务、承担社会责任
128				未按要求建立健全全流程数据安全管理制度、组织开展数据安全教育培训、采取相应的技术措施和其他必要措施，保障数据安全
129				发现数据安全缺陷、漏洞等风险时，未立即采取补救和处置措施，未按照规定及时告知用户并向有关主管部门报告
130				不能很好地配合公安机关、国家安全机关因维护国家安全或者侦查犯罪的需要调取数据

续表

序号	一级风险名称	二级风险名称	三级风险	
			风险名称	风险描述
131	（八）知识产权法律风险	数据安全	数据安全风险监测	未取得许可便开展数据处理相关活动
132				未经国家有关主管机关批准，向外国司法或者执法机构提供存储于我国境内的数据
133			数据收集、使用安全	以盗窃或其他不合法方式获取数据；收集、使用数据的目的和范围超过有关法律、行政法规规定限度
134			个人信息保护	经营管理过程中，涉及的系统内外个人信息，处理过程中没有严格执行法律法规规定
135	（九）劳动用工法律风险	劳动合同	未依法签订劳动合同	签订或续订书面劳动合同不及时；未依法与符合条件的员工订立无固定期限劳动合同
136			劳动合同内容不合法	试用期超过法律规定期限；劳动合同约定的工作时间、工作内容、岗位、薪酬等不符合法律规定；免除用人单位法定责任、排除劳动者权利的内容等；员工在签订劳动合同过程中书面承诺放弃用工单位为其缴纳社会保险
137			未与接受专业技术培训的员工约定服务期限	企业为员工提供专项培训费用，对其进行专业技术培训时，未与该员工订立协议约定服务期
138			保密或竞业限制约定不完备	保密或竞业限制协议未签订或签订未落实，未对离职员工的保密或竞业限制的商业秘密范围进行界定导致公司利益受损
139			未依法履行劳动合同	未按规定支付劳动报酬、加班费；未按最低工资标准支付工资；未按规定缴纳社会保险
140			依法变更劳动合同	变更工作内容、工作岗位等劳动合同内容未与劳动者协商或未采用书面形式
141			未依法解除劳动合同	未满足法律规定的解除劳动合同的条件行使单方解除权；未提前 30 日书面通知劳动者或未额外支付劳动者 1 个月工资；解除劳动合同未依法给予员工经济补偿
142			未依法处理新型冠状病毒感染的肺炎疫情防控期间劳动关系	未按照国家在疫情防控期间出台的法律法规或者规范性文件要求发放工作报酬、解除或终止劳动合同的

续表

序号	一级风险名称	二级风险名称	三级风险	
			风险名称	风险描述
143	（九）劳动用工法律风险	用工管理	引进人员未进行竞业或保密义务调查	未对拟聘员工是否负有保密或竞业限制义务进行审核，导致公司利益受损
144			涉及职工切身利益的规章制度内容或制定程序违法	涉及职工切身利益的规章制度内容违法或者未履行民主和公示程序
145			未依法提供劳动保护	未按规定安排员工休息和休假；企业的劳动安全设施和劳动卫生条件不符合国家规定，或未向员工提供必要的劳动防护用品和劳动保护设施；违章指挥，强令员工违章冒险作业
146			未依法为员工办理离职手续	未出具解除劳动合同的证明，未在 15 日内为劳动者办理档案和社会保险关系转移手续，未依法作出书面通知并送达本人；对解除劳动合同人员在离职前未依法进行职业病检查，或与工伤及职业病人违法解除劳动合同；未依法支付竞业限制补偿
147			工作许可证取得风险	中方人员在资源国无合法的工作许可，或资源国对工作许可发放有严格限制，致使无法保证取得有效的工作许可
148			当地化成分风险	未遵守资源国劳动用工比例；未按规定聘用当地雇员，未按规定对当地雇员进行培训或支付培训费用
149		劳务派遣	不执行劳务派遣规定	劳务派遣工与用工单位劳动者同工未同酬且未实行正常的调资机制；未依法支付社会保险费用；劳务用工的岗位不符合临时性、辅助性或者替代性的要求；设立劳务派遣单位向本单位或所属单位派遣劳动者；未依法签订劳务派遣协议或协议约定的违约责任、期限等内容不符合法律规定
150		社会保险	未按规定缴纳或足额缴纳社会保险	用人单位未按照规定为员工缴纳或者足额缴纳基本养老保险、基本医疗保险、工伤保险、失业保险、生育保险等

续表

序号	一级风险名称	二级风险名称	三级风险	
			风险名称	风险描述
151	（九）劳动用工法律风险	员工信息管理	企业违法收集职工个人信息	发生突发性公共卫生事件企业未依法收集职工个人信息
152			企业违法披露职工个人信息	企业将收集到的职工个人信息予以泄漏或未依法披露
153	（十）纠纷管理法律风险	法律文书处理	未及时处理法律文书	因疫情、邮件传递等原因影响收到法律文书时间已超过法律文书要求期限；或接到诉状、传票、应诉通知书、举证通知书等法律文书后，未在规定时间内向法律部门移交或法律部门未按文书要求及时应对
154		诉讼证据管理	证据收集、保管不当	日常管理过程中，未做好具有证明效力的文件收集保管，或者忽视手机短信、微信聊天记录、微博、博客、电子交易信息、邮件等电子数据证据的收集、保管
155			未适当履行举证责任	接到诉状、传票、应诉通知书、举证通知书等法律文书后，因疫情管控等原因未在规定时间内向法院提交证据材料
156			证据保全不当	在证据可能灭失或以后难以取得的情况，未向法院申请证据保全
157			擅自对外出具书面材料或接触利害关系人	擅自对外出具欠条、担保书、证明等书面材料；或者接触利害关系人，对话被录音录像
158		诉讼事务管理	未履行出庭义务	未按时出庭或者中途退庭
159			自认不利事实	诉讼过程中明确承认对己不利事实；或提供的证据、起诉状、答辩状、代理词等书面材料中自认对己不利事实；或经审判人员说明并询问后对己不利事实仍不明确表示肯定或否定而被法庭判定为自认
160			不执行法律文书	不执行法院或仲裁机构的裁判文书
161				不执行法院生效判决、逃避执行或者未及时申报财产，被法院纳入失信被执行人名单
162				不执行协助执行通知书，擅自处置被法院查封、冻结的资产

续表

序号	一级风险名称	二级风险名称	三级风险	
			风险名称	风险描述
163	（十）纠纷管理法律风险	诉讼事务管理	诉讼委托授权权限不明确	没有在授权委托书中明确委托诉讼代理人代为承认、放弃、变更诉讼请求，进行和解，提起反诉或者上诉等特别授权事项
164			未在诉讼时效内行使请求权	发现对方或相关方存在侵权、违约、违规等行为而未及时按照法律程序进行索赔
165			未在有效期限内向法院行使强制执行请求权	对方未履行法院、仲裁机构的判决、裁定的义务时，未及时按照法律程序申请强制执行
166	（十一）上市公司治理合法合规风险		信息披露合规法律风险	违反各上市地的法律法规或交易所交易规则，未及时、全面、准确履行信息披露义务
167			关联交易合规法律风险	违反关联交易相应的法律法规和上市规则；未在合理商业实质前提下以公允价格签订关联交易协议，未依法合规履行关联交易决策程序，未依法合规履行关联交易信息披露义务
168			内幕交易合规法律风险	违反禁止内幕交易相关法律法规和监管规则
169			存托证券退市法律风险	作为国有中央企业，因美国涉军行政令和外国公司问责法案影响，存在在美存托证券退市风险和丧失美国投资者风险
170	（十二）资源权属法律风险	探矿权	未依法取得探矿权	未依法取得油气、煤炭、盐矿等资源探矿权，超越权限探矿，探矿权逾期后继续勘探作业的
171			未依法进行勘探作业	未按法定要求施工或未完成最低勘查投入
172			未依法变更、注销探矿权	未依法变更油气、煤炭、盐矿等资源探矿权
173			未依法转让探矿权	未依法转让油气、煤炭、盐矿等资源探矿权
174		采矿权	未依法取得采矿权	未依法取得油气、煤炭、盐矿等资源采矿权，或超越权限采矿
175			未依法进行开采作业	未按法定要求施工

续表

序号	一级风险名称	二级风险名称	三级风险	
			风险名称	风险描述
176	（十二）资源权属法律风险	采矿权	未依法变更、注销采矿权	未依法变更、注销油气、煤炭、盐矿等资源采矿权
177			未依法转让采矿权	未依法转让油气、煤炭、盐矿等资源采矿权
178	（十三）资产权属法律风险	土地权属	未取得土地使用权而使用土地	先用地后征地或边用地边征地
179				超出范围使用土地或超过期限占用临时用地
180			擅自改变土地用途	未办理变更手续而擅自改变土地用途
181			使用土地权瑕疵取得	土地使用权取得程序或手续瑕疵
182			土地闲置	被认定为闲置土地而被无偿处置
183		其他资产管理	未依法取得所有权	不动产物权未依法登记
184			所有权权利瑕疵	船舶、航空器、机动车等特殊动产物权的设立、变更、转让未依法登记
185				与资源权属相关的所有凭证未一并交付或接收
186			抵押权未经登记	接受他人财产抵押担保未经登记
187	（十四）财务税收法律风险	信贷管理	信贷管理违规	未依规进行信贷业务调查、未按规定发放贷款、贷后管理及到期处理不合规
188		票据管理	不当使用票据	向专业公司机构申请票据承兑、贴现的商业汇票持票人，与出票人或其前手之间不具有真实的商品交易关系
189			票据业务办理未按规定权限审批	办理承兑汇票贴现，未按规定权限进行审批
190			未妥善处理遗失、伪造变造的票据	遗失空白支票或其他票据后，未按照法律规定的期限和程序及时办理银行挂失和公示催告；对外交易中未严格审查票据，接收伪造、变造的票据
191			未执行票据和印鉴管理规定	票据保管人员同时兼管应收、应付票据账目或预留银行印鉴

续表

序号	一级风险名称	二级风险名称	三级风险	
			风险名称	风险描述
192	（十四）财务税收法律风险	资金结算管理	拆入拆出资金比例不合规	同业拆借业务需由银保监会批准，最高拆入限额和最高拆出限额均不超过该机构实收资本的100%
193			未按要求开立专用存款账户	专业公司机构未能出具存放同业资金的证明；专业公司机构存放同业资金账户需要支取现金的，尚未得到批准或批准机构不合规
194		外汇管理	开办外汇业务不具备资质和许可程序或外汇业务超出申请经营范围	未按国家外汇管理局所规定的要求从事外汇业务
195			违规办理或管理外汇业务	违反规定办理外汇相关业务或未按规定进行申报、报送等外汇业务管理
196		税务管理	纳税筹划不当，未按规定管理财税凭证资料及税控装置	企业设立变更、清算注销、重组改制、合资合作及生产经营过程中，未有效利用各项税收优惠政策；未按规定设置、保管账簿或者保管记账凭证和有关资料
197			外部税务检查风险	发生偷税、漏税和逃骗税等行为，导致企业接受处罚；发生隐藏收入不入账，或收入长期挂往来，或不依合同规定确认收入，或价外收入不入账等行为，导致会计信息失真，企业接受处罚；不按纳税程序办事和违反征管制度；与税务部门人员沟通不畅、配合不利，不能及时提供检查人员所需要的资料
198			税务登记风险	未及时办理税务登记、变更及注销税务登记和税务登记的年检工作，导致监管部门处罚；核定税种时，未选择正确的税种，导致适用了错误的税率计税；系统维护信息不准确、不及时；对税收法规政策理解有误、执行出现偏差（如纳税、税收优惠、退税等政策执行偏差），被税务机关处罚
199			税务申报风险	税务申报不及时、不准确，导致监管机构处罚；未按规定报送纳税申报资料，导致纳税申报不合规；未经税务机关书面核准延期办理纳税申报

续表

序号	一级风险名称	二级风险名称	三级风险	
			风险名称	风险描述
200	（十四）财务税收法律风险	税务管理	税款缴纳风险	在账簿上多列支出或者不列、少列收入，不缴或者少缴应纳税款或已扣、已收税款；未按照规定的期限办理纳税申报和报送纳税资料或未按照规定的期限向税务机关报送代扣代缴、代收代缴税款报告表和有关资料，进行虚假纳税申报，经税务机关通知申报而拒不申报
201			境外税务管理风险	不遵守当地财务税务规则，不正确记账、纳税导致无法通过当地税务机关审计，引发行政处罚；重复交税可能导致费用增加；偷税、漏税受到所在地法律制裁
202		会计核算	未执行会计行政监管规定	资金收入未进入指定账户，造成账外资金
203				虚列、多列、不列或者少列费用、成本等，导致财务报告不真实
204			未执行财务印鉴管理规定	财务专用章和个人印鉴未分开保管和使用
205			预算编制不合规	擅自调剂需要经过批复批准的预算支出事项
206			会计档案保管不合规	未按规定保管、借阅会计资料，导致会计资料毁损、灭失
207			发票使用不符合规定	填制或取得的原始凭证不符合规定，存在品名、金额错误或有涂改以及未按规定更正的情况；或未经审核即作为记账依据；应开未开或未按规定方式开具发票，或未加盖发票专用章，或存在虚开发票情节
208		两金占用	应收账款抵偿不当	接受质次价高的非货币资产抵偿应收账款，或用于抵偿应收货款的非货币资产的评估未向主管机关报告，评估结果未经主管机关核准或备案
209			未能确认存货	由于未能及时识别存货而占有时间过长
210			资金未及时流转	占用应收账款和存货期限长，负债规模及债务结构不合理，企业资金成本高
211		资产处置	未依法使用国有资产	对国有资产使用管理不当，给国家和企业造成损失

续表

序号	一级风险名称	二级风险名称	三级风险	
			风险名称	风险描述
212	（十四）财务税收法律风险	资产处置	违法处置资产	未经审批程序处置国有资产
213	（十四）财务税收法律风险	资产处置	违法处置资产	将需要特殊处理的废旧物资处置给无相应资质的企业
214	（十四）财务税收法律风险	资产处置	违法处置资产	处置权属证书存在瑕疵的资产
215	（十四）财务税收法律风险	资产处置	违法处置资产	处置已被查封、冻结、扣押的资产
216	（十五）安全生产法律风险	安全风险	建设项目未依法进行环境影响评价或违反“三同时”规定	新建、改建、扩建工程项目未进行安全生产条件论证和安全预评价及地震性安全评价等
217	（十五）安全生产法律风险	安全风险	建设项目未依法进行环境影响评价或违反“三同时”规定	安全设施未与主体工程做到同时设计、同时施工、同时投入生产和使用
218	（十五）安全生产法律风险	安全风险	未依法建立安全生产保障	未建立健全本单位安全生产责任制
219	（十五）安全生产法律风险	安全风险	未依法建立安全生产保障	对应当具备的安全生产条件未投入所必需的资金，对安全生产所必需的资金投入不足，或不按规定提取和使用安全生产费用
220	（十五）安全生产法律风险	安全风险	未依法建立安全生产保障	未按照规定设立安全生产管理机构或者配备安全生产管理人员
221	（十五）安全生产法律风险	安全风险	未依法建立安全生产保障	安全生产管理机构以及安全生产管理人员未按照规定拟定安全生产各项规章制度，未能正确履行安全生产管理人员相应职责
222	（十五）安全生产法律风险	安全风险	未依法建立安全生产保障	从业人员未遵循安全生产规章制度
223	（十五）安全生产法律风险	安全风险	安全生产资格、资质不符合法律要求	未取得安全生产许可证擅自进行生产；安全生产许可证有效期满未办理延期手续继续进行生产
224	（十五）安全生产法律风险	安全风险	安全生产资格、资质不符合法律要求	特种作业人员未持证上岗
225	（十五）安全生产法律风险	安全风险	安全生产资格、资质不符合法律要求	危险物品的生产、经营、储存、装卸单位及矿山、建筑施工、运输单位的主要负责人和安全生产管理人员未经行政主管部门安全考核合格
226	（十五）安全生产法律风险	安全风险	安全生产资格、资质不符合法律要求	涉及安全生产的事项未经依法批准或者许可，擅自从事矿山开采、金属冶炼、建筑施工，以及危险物品生产、经营、储存等高度危险的生产作业活动

续表

序号	一级风险名称	二级风险名称	三级风险	
			风险名称	风险描述
227	（十五）安全生产法律风险	安全风险	未依法执行生产运行和施工作业安全管理规定	对重大危险源未登记建档，或者未进行评估、监控，或者未制定应急预案
228				将生产经营项目、场所、设备发包或者出租给不具备安全生产条件或者相应资质的单位或者个人
229				生产经营项目、场所发包或者出租给其他单位的，未与承包单位、承租单位签订专门的安全生产管理协议或者未在承包合同、租赁合同中明确各自的安全生产管理职责
230				生产经营项目、场所发包或者出租给其他单位的，未对承包单位、承租单位的安全生产工作统一协调、管理，未定期进行安全检查，发现安全问题的，未能及时督促整改
231				同一作业区域内两个以上单位，作业时可能危及对方安全的，未签订安全生产管理协议或未安排专人进行安全检查与协调
232				进行爆破、吊装等危险作业，未安排专门管理人员进行现场安全管理
233				对不法分子打孔盗油、破坏油气设施行为防范不力，对他人违章占压油气管道等行为未能有效制止
234				强令他人违章冒险作业，或者明知存在重大事故隐患而不排除，仍冒险组织作业，因而发生重大伤亡事故或者造成其他严重后果
235			未依法配置或者依法管理安全设备和特种设备	安全设备的安装、使用、检测、维修、改造和报废不符合国家标准或者行业标准；未对安全设备进行经常性维护、保养和定期检测；未按规定要求设置安全警示标识或安全警示标识不清晰；未及时更新警示标识或未将其设置于醒目位置
236				未依法办理特种设备使用登记；未建立特种设备安全技术档案，或未依法设置使用登记标志、定期检验标志；未制定特种设备事故应急专项预案

续表

序号	一级风险名称	二级风险名称	三级风险	
			风险名称	风险描述
237	（十五）安全生产法律风险	安全风险	未依法配置或者依法管理安全设备和特种设备	未对在用的特种设备进行经常性维护、保养和定期自行检查，或者未对相关特种设备的安全附件、安全保护装置进行定期校验、检修
238				未按照安全技术规范的要求及时申报并接受检验；未按要求进行锅炉水（介）质处理
239				使用未取得许可生产、未经检验或检验不合格的特种设备，或者国家明令淘汰、已经报废的特种设备
240				因存在重大事故隐患被依法责令停产停业、停止施工、停止使用有关设备、设施、场所，或者立即采取排除危险的整改措施，而拒不执行或未依法报废；关闭、破坏直接关系生产安全的监控、报警、防护、救生设备、设施，或者篡改、隐瞒、销毁其相关数据、信息
241			未依法执行危化品安全管理规定	未在作业场所设置通信、报警装置并处于适用状态
242				新建、改建、扩建生产、储存危险化学品的建设项目未经安全条件审查
243				危险化学品专用仓库不符合国家标准、行业标准要求；未对危险化学品专用仓库的安全设施、设备定期进行检测、检验
244				危险化学品的装卸作业、运输未遵守安全作业标准、规程和制度；危险化学品道路运输、水路运输的驾驶人员、船员、装卸管理人员、押运人员、申报人员、集装箱装箱现场检查员未取得从业资格上岗作业
245			未依法执行生产安全应急和事故管理规定	未制定本单位生产安全事故应急救援预案，缺乏应急预案演练，未对从业人员进行应急教育和培训
246				未将生产安全事故应急救援预案报送备案、未建立应急值班制度或者配备应急值班人员

续表

序号	一级风险名称	二级风险名称	三级风险	
			风险名称	风险描述
247	（十五）安全生产法律风险	安全风险	未依法执行生产安全应急和事故管理规定	未对应急救援器材、设备和物资进行经常性维护、保养，导致发生严重生产安全事故或者生产安全事故危害扩大，或者在本单位发生生产安全事故后未立即采取相应的应急救援措施，造成严重后果
248				对安全事故隐瞒不报、谎报或者拖延不报
249		职业健康管理	未依法进行职业病防治和劳动保护	未依法采取有关职业病危害前期预评价和控制效果评价，擅自开工；建设项目的职业病防护设施未按照规定与主体工程同时投入生产和使用
250				产生职业病危害的单位在劳动过程中未按规定进行防护与管理
251				未按规定对工作场所职业病危害因素开展监测、评价
252				未依法组织员工进行上岗前、在岗期间、离岗时职业健康体检，未及时对异常职业健康体检结果人员、职业禁忌人员进行处置，未及时进行职业病诊断
253				未在员工发生事故伤害或被诊断、鉴定为职业病30日内向劳动保障部门提出工伤认定申请；认定工伤有争议的，应负举证责任而不举证
254				发现传染病病人或者疑似传染病病人时，未及时向疾病预防控制机构或者医疗机构报告
255				不遵守国家、地方政府疾病预防控制机构关于传染病的预防、控制措施
256			突发公共卫生事件期间企业未履行法定义务	企业在突发公共卫生事件中谎报、瞒报、漏报突发事件信息
257				企业在突发公共卫生事件中未执行国务院和地方人民政府出台的防控措施

续表

序号	一级风险名称	二级风险名称	三级风险	
			风险名称	风险描述
258	（十六）生态环境保护法律风险	节能管理	未依法执行节能降耗管理规定	未按照规定配备、使用能源计量器具
259				未按照规定设立能源管理岗、聘任能源管理负责人；或是虽设立能源管理岗位，聘任能源管理负责人，但未报管理节能工作的部门和有关部门备案
260		环保管理	建设项目未依法进行环境影响评价或违反“三同时”规定	建设单位未依法报批建设项目环评文件，或申报后未取得环境行政主管部门环评批复文件
261				建设项目性质、规模、地点、生产工艺或者防治污染、防止生态破坏的措施发生重大变动或环评文件超过有效期限的，未重新报批；建设项目未依法进行环境影响评价
262				防治污染的设施未与主体工程同时设计、同时施工、同时投产使用
263			未依法执行环保监管规定	未取得排污许可证排放污染物或未按照排污许可证排污
264				未依法办理排污申报登记、变更登记或拒报、谎报登记事项
265				使用有毒有害原料进行生产或在生产中排放有毒、有害物质，未定期实施清洁生产审核，或虽经审核但未向环境保护行政主管部门报告审核结果
266				未依法交纳环境保护税、资源税
267				重点排污单位不公开或者不如实公开环境信息
268				未采取土壤污染防治措施，防控土壤污染和进行土壤修复
269			违法排放污染物	超过污染物排放标准或者超过重点污染物排放总量控制指标排放污染物
270				通过暗管、渗井、渗坑、灌注或者篡改、伪造监测数据，或者不正常运行防治污染设施等逃避监管的方式违法排放污染物

续表

序号	一级风险名称	二级风险名称	三级风险	
			风险名称	风险描述
271	（十六）生态环境保护法律风险	环保管理	违规处理固体废物	污水处理，油泥、浮渣、污泥等危险固废收集、贮存、处置，不符合法规要求
272				企业危废临时贮存库、临时堆放场防渗、防雨、防风等措施或标识牌不满足法规要求
273				未按照国家有关规定取得许可证，或未按照许可证规定，从事收集、贮存、利用、处置危险废物经营活动
274				将危险废物提供或者委托给无许可证的单位或者其他生产经营者堆放、利用、处置
275				未按国家规定要求办理危险废物转移申请审批手续，擅自转移危险废物
276				未取得排污许可证排放工业固体废物
277				未按要求建立固体废物管理台账并如实记录
278				委托他人运输、利用、处置固体废物的，未对受托方的主体资格和技术能力进行核实，未依法签订书面合同，在合同中约定污染防治要求
279			发生环境污染事故及事故处理不当	生产过程中控制不当造成环境污染
280				特殊物品管理不当造成污染事故
281				发生环境污染事故，未按规定采取应急措施、上报、调查和处理
282				因不可抗力导致环境污染未及时采取有效措施
283				第三人原因造成污染，未收集有效证据或未及时采取有效措施防止污染扩大
284				污染事故处理不当导致次生污染
285	（十七）质量计量法律风险	质量管理	未执行产品质量行政监管规定	在产品中掺杂、掺假，以假充真，以次充好，或者以不合格产品冒充合格产品
286				企业质量管理人员未严格执行内部产品质量管理制度，未严格按照岗位质量规范进行操作，导致不合格产品进入销售市场

续表

序号	一级风险名称	二级风险名称	三级风险	
			风险名称	风险描述
287	（十七）质量计量法律风险	质量管理	未执行产品质量行政监管规定	产品标识不符合规定，限期使用的产品，未标明生产日期和安全使用期或者失效日期；使用不当，容易造成产品本身损坏或者可能危及人身、财产安全的产品，没有警示标志或者中文警示说明；伪造产品产地，伪造或者冒用他人厂名、厂址，伪造或者冒用认证标志等质量标志；未正确、清晰地标注净含量
288		计量管理	未执行产品计量行政监管规定	属于强制检定范围的计量器具，未按照规定申请检定或者检定不合格继续使用
289				使用不合格的计量器具或者破坏计量器具准确度，给国家和消费者造成损失
290		标准化管理	未执行标准化行政监管规定	企业未公开其执行的标准
291				没有按照标准组织生产经营活动，生产的产品、提供的服务不符合公开标准的技术要求
292				企业制定的标准技术要求低于强制性国家标准的相关技术要求；或不利于科学合理利用资源，增强产品的安全性，提高效益；或未按照规定进行编号
293	（十八）稳定与舆情处置法律风险	稳定	民主管理不到位，引发重大群体性事件风险	对涉及员工切身利益的重要问题和重要规章制度，未充分听取员工意见和建议、未考虑员工的承受能力，因决策不当、矛盾纠纷排查化解不及时导致发生重大群体性事件
294		舆情处置	舆情处置不当风险	因舆情处置不当，导致负面事件扩大升级，引起媒体和社会舆论关注、炒作，产生负面影响，导致企业品牌形象及声誉受损，引发民事纠纷
295	（十九）反不正当竞争和反垄断法律风险	反不正当竞争法律风险	商业混淆行为	（1）擅自使用与他人有一定影响的商品名称、包装、装潢等相同或者近似的标识。 （2）擅自使用与他人有一定影响的企业名称（包括简称、字号等）、社会组织名称（包括简称等）、姓名（包括笔名、艺名、译名等）。 （3）擅自使用与他人有一定影响的域名主体部分、网站名称、网页等。 （4）擅自使用与他人有一定影响的商品独特形状、节目栏目名称、企业标志、网店名称、自媒体名称或者标志、应用软件名称或者图标等相同或者近似的标识。 （5）其他足以引人误认为是他人商品或者与他人存在特定联系的混淆行为

续表

序号	一级风险名称	二级风险名称	三级风险	
			风险名称	风险描述
296	（十九）反不正当竞争和反垄断法律风险	反不正当竞争法律风险	虚假或引人误解的商业宣传	（1）对所提供商品的性能、功能、质量、销售状况、用户评价、曾获荣誉，成分及其含量、制造方式、制造日期、销售服务，以及对推销商品所附带赠送礼品的品种和数量等作虚假或者引人误解的商业宣传，欺骗、误导消费者或者其他相关公众。对商品作片面的宣传或者对比的；忽略前提条件、必要信息使用或者不完全引用第三方数据、结论等内容的；将科学上未定论的观点、现象作为定论事实的；使用歧义性语言进行宣传的；等等。 （2）帮助其他经营者对销售数量、用户评价、应用排名、搜索结果排名等进行虚假或者引人误解的商业宣传，组织虚假交易、虚构评价、伪造物流单据、诱导做出指定的评价；为其他经营者进行虚假或者引人误解的商业宣传提供组织、策划、制作、发布等服务，以及资金、场所、工具等条件；等等
297			有奖销售的禁止情形	（1）所设奖的种类、兑奖条件、奖金金额或者奖品等有奖销售信息不明确，影响兑奖。 （2）采用谎称有奖或者故意让内定人员中奖的欺骗方式进行有奖销售。 （3）抽奖式有奖销售最高奖的金额超过五万元
298			网络新型不正当竞争行为	（1）未经其他经营者同意，在其合法提供的网络产品或者服务中，插入链接、强制进行目标跳转造成他人网站访问量损失的不正当竞争行为等。 （2）侵犯用户选择权，强迫用户修改、关闭、卸载其他经营者合法提供的网络产品或者服务等。 （3）在网络产品或者服务设计时，故意进行有针对性的不兼容设置，禁止其他网络产品或者服务的开启、运行或部分功能的运行等。 （4）无正当理由对其他经营者合法提供的网络产品或者服务实施拦截、关闭等干扰行为；违背用户意愿下载、安装、运行应用程序，影响其他经营者合法提供的设备、功能或者其他程序正常运行；对非基本功能的应用程序不提供卸载功能或者对应用程序卸载设置障碍，影响其他经营者合法提供的设备、功能或者其他程序正常运行等

续表

序号	一级风险名称	二级风险名称	三级风险	
			风险名称	风险描述
299	（十九）反不正当竞争和反垄断法律风险	反垄断法律风险	横向垄断协议	（1）固定或者变更商品价格。 （2）限制商品的生产数量或者销售数量。 （3）分割销售市场或者原材料采购市场。 （4）限制购买新技术、新设备或者限制开发新技术、新产品。 （5）联合抵制交易。 （6）串通招投标。主要表现为：与竞争对手约定中标人，协商投标报价等投标文件的实质性内容，约定部分投标人放弃投标或者中标；属于同一协会、商会等组织成员的经营者按照该组织要求协同投标；与竞争对手通过放弃招标、撤回标书、提交高价或者包含不合理条款的标书来支持预设的中标人等。 （7）交换敏感信息形成协同行为。 （8）参与或者支持行业协会组织达成或者实施垄断协议。 （9）并购交易中达成或实施横向垄断协议。 （10）关联公司被视为独立竞争者情形下的横向垄断行为。 （11）组织、帮助其他经营者达成垄断协议。 （12）竞争者之间合资合作的横向垄断行为
300			纵向垄断协议	（1）纵向价格垄断行为。即转售价格维持行为，主要表现为：固定向第三人转售商品的价格水平、价格变动幅度、利润水平或者折扣、手续费等其他费用；限定向第三人转售商品的最低价格，或者通过限定价格变动幅度、利润水平或者折扣、手续费等其他费用向第三人转售商品的最低价格等。 （2）纵向非价格垄断行为。主要表现为：排他性销售（独家销售）、排他性购买（独家购买），以及限制经销商实施被动销售与交叉供货的地域限制或者客户限制等
301			滥用市场支配地位	（1）以不公平的高价销售商品或者以不公平的低价购买商品。 （2）没有正当理由，以低于成本的价格销售商品。 （3）没有正当理由，拒绝与交易相对人进行交易。 （4）没有正当理由，直接限定或者以设定交易条件等方式变相限定交易行为

续表

序号	一级风险名称	二级风险名称	三级风险	
			风险名称	风险描述
301	（十九）反不正当竞争和反垄断法律风险	反垄断法律风险	滥用市场支配地位	（5）没有正当理由搭售商品，或者在交易时附加其他不合理的交易条件。 （6）没有正当理由，对条件相同的交易相对人在交易条件上实行差别待遇。 （7）涉及知识产权的滥用市场支配地位行为
302	（二十）国际化经营法律合规风险	反海外腐败反商业贿赂风险	涉餐饮、礼品、娱乐招待相关风险	1. 提供、接受或承诺提供餐饮、娱乐招待： （1）超过规定的金额标准和合理的形式限度； （2）过于频繁地与同一人开展业务招待； （3）带有具体的商业目的和不正当影响业务决策的意图； （4）邀请范围过于广泛，涉及本人或业务伙伴的亲属。 2. 支付、提出或承诺支付金钱或任何价值之物： （1）赠送和接受现金和购物卡、消费卡等各种有价证券、支付凭证； （2）赠送和接受超出正常业务往来需求的贵重物品和奢侈品； （3）赠送和接受纪念品不符合法律法规和公司制度要求，未经相应审批和登记流程； （4）以工作实习机会、咨询费、慈善捐赠等各种形式赠送和接受有价值之物； （5）赠送、接受和承诺支付其他数额较大、带有不正当目的的礼物、娱乐及其他有价之物
303			差旅、会议、培训相关风险	1. 举办、提供或接受不合理的会议、培训安排： （1）在开展涉外业务中，为造成不正当的影响或获取不正当利益，举办、提供或接受不合理的会议、培训等安排； （2）会议、培训后安排异常或昂贵的娱乐活动。 2. 报销不合理的差旅费用： （1）异常的多晚住宿； （2）家属的差旅费用； （3）私人飞机旅行等； （4）以隐瞒贿赂为由的其他费用
304			对外捐赠相关风险	公司对外捐赠如果被用作不当行为的遮掩手段，致使慈善资金用于非预定用途，使外国官员不当受益，致使对外捐赠行为被认定为行贿

续表

序号	一级风险名称	二级风险名称	三级风险	
			风险名称	风险描述
305			涉疏通费相关风险	疏通费是指为获得或加快政府的例行行为（如处理许可证、签证等政府文件）而提供的非正式付款。多数国家法律规定疏通费支付属于贿赂
306	（二十）国际化经营法律合规风险	反海外腐败反商业贿赂风险	涉及政府实体以及国际组织的业务活动风险	许诺、提议或者实际支付的有关款项不当或开支不当，以使相关公职人员或者国际组织官员在执行公务时作为或者不作为，运用其影响力，帮助公司获取新业务、保住现有业务或者取得任何不正当利益 / 优势，例如取得许可和证照、通过监管审查审批、规避或防止负面的政府行动、减少税赋、避免海关税费、阻止竞争对手投标竞逐业务等
307			涉及第三方业务合作伙伴的业务活动相关风险	1. 未对第三方业务合作伙伴进行适当反腐败风险尽职调查。 2. 未采取明确要求第三方业务合作伙伴诚信合规的有效措施防控风险，例如未向相关业务合作伙伴告知反腐败合规政策，相关业务合作伙伴未做出反腐败合规承诺，有关合同或协议中未包含针对反腐败合规风险的条款和条件，等等。 3. 在业务开展中公司行为不当，例如： （1）对相关业务合作伙伴提供的货物或服务，支付不合理款项和非正当的报酬或费用； （2）款项支付渠道不合法； （3）业务合作伙伴的供应品缺乏合理性和正当性等。 4. 在业务开展中不作为，例如未尽最大努力预防、发现、调查和补救公司业务开展及业务合作伙伴行为中的不当行为，或对公司业务开展及业务合作伙伴不当行为中出现的信号、预警迹象和不当行为不作为，“故意视而不见”
308			涉及代理和中介机构的业务活动相关风险	（1）公司聘用代理、中介机构前未针对代理、中介机构开展全面的尽职调查工作。 （2）为规避公司审批程序，通过由商业伙伴在交易中聘用代理、中介机构等形式，实际为公司提供第三方服务。 （3）向代理、中介机构支付的报酬超出适当市场水平，或违反相关法律规定，或与其提供的服务内容无关。 （4）公司员工知道或合理相信公司向代理、中介机构支付的款项，全部或部分、直接或间接、可

续表

序号	一级风险名称	二级风险名称	三级风险	
			风险名称	风险描述
308			涉及代理和中介机构的业务活动相关风险	能或已被用于商业贿赂目的或用途。 （5）代理、中介机构为一国政府官员强制指定人员，或相关人员与公职人员等具有亲属、朋友及其他利益关系。 （6）与代理、中介机构洽谈时，其拒绝签署合规条款或做出反腐合规承诺
309	（二十）国际化经营法律合规风险	反海外腐败反商业贿赂风险	涉招投标业务相关风险	（1）开展招投标业务前，项目团队不了解所在资源国或所属地区招投标相关反商业贿赂法律法规要求，也未向公司招投标、法律和合规部门或外聘律师进行相关咨询。 （2）开展招投标业务前，项目团队未熟知公司招投标相关规章制度。 （3）公司员工或项目团队违反相关法律法规和公司招投标规章制度，主动探听招投标程序相关的非公开内部消息。 （4）公司员工或项目团队存在招投标业务利益冲突的情况，包括但不限于，与该招投标程序的参与方或其人员有现金、礼品、娱乐或其他利益输送的情形。 （5）公司员工或项目团队违反相关法律法规和公司招投标规章制度，为实现不正当目的或谋求不正当利益，在招标投标活动中通过泄密、串通、虚假招标或规避招标、以不合理的条件限制或者排斥潜在投标人、违规干预和插手招投标活动、以不合理高价中标等不正当手段或方式影响/操纵招标结果
310			涉收并购交易与合资公司相关风险	（1）在收并购资产或成立合资公司时，公司可能会因持有股份而需要对交易相对方承担法律责任。 （2）收并购资产、股权或成立合资公司、联合体交易发生前，未开展或未有效开展反腐败反商业贿赂合规风险尽职调查。 （3）对目标公司和交易对手所处资源国投资环境、行业领域和其运营情况、技术特色等不熟悉，导致无法有效识别相关合规风险。 （4）对交易对手收购前的合规管理体系、架构、合规管理制度、体系不熟悉，未能在交易文件签署前提出有效的整改问题清单、制定整改措施。

续表

序号	一级风险名称	二级风险名称	三级风险	
			风险名称	风险描述
310	（二十）国际化经营法律合规风险	反海外腐败反商业贿赂风险	涉收并购交易与合资公司相关风险	（5）未能通过交易文件、法律条款对尽职调查中发现的问题进行处置和约定。 （6）收并购交易完成后，未能根据资产、股权交易风险特点以及资源国政治、经济、环境、文化差异等，持续开展合规整合和检查优化工作
311			涉会计及财务账簿合规管理相关风险	（1）采用虚列费用等方式，套取资金，账外设账，隐瞒贿赂行为。如设立账外账户、进行账外交易或者账实不符的交易、虚列支出、登录负债账目时谎报用途、使用虚假单据、故意在法律规定的期限前销毁账簿。 （2）通过虚假描述财务账簿和记录进行贿赂付款，或其他以腐败为目的支付的任何价值。 一般贿赂被虚假描述为：佣金或提成、咨询费、销售或营销费用、科研激励或研发费用、差旅及招待费用、回扣或折扣、售后服务费、杂项费用、零用现金支取、免费产品、公司间往来款、供货商 / 供应商付款、账目冲销、疏通费。 （3）缺乏有效的内部控制，无法对财务报告的可靠性和编制财务报表的流程进行合理保证，导致违反相关会计合规监管法律法规
312		涉外经济制裁合规法律风险	开展受制裁业务风险	开展受制裁业务将导致相应的制裁处罚
313			不正确应对制裁合规调查风险	不当披露导致泄密或与已披露信息相矛盾
314			未对交易对手开展制裁合规调查风险	未对交易对手是否已被列入制裁名单或存在制裁风险开展合规调查
315			未对交易相关的第三方制裁风险进行调查	未对与交易相关的承运人、船代、货代、中介机构、贸易链上下游实体等的制裁风险进行合规调查
316			未通过合同条款对制裁风险进行防范	未有效利用合同条款防范制裁风险

续表

序号	一级风险名称	二级风险名称	三级风险	
			风险名称	风险描述
317	（二十）国际化经营法律合规风险	涉外经济制裁合规法律风险	合同签约代表相关风险	由 SDN 名单上的人士作为签约代表签署合同的制裁风险
318			合同签署地、交割地相关风险	在美国签署、交割的交易适用一级制裁的规定
319			未对资金账户的制裁风险开展合规调查	交易资金涉及受制裁人士控制的账户，或可能使受制裁人获益，有可能导致银行冻结或拒绝扣划相关资金或我方制裁风险
320			未对制裁合规证据进行适当保存	制裁发生时，无法证明我方已充分履行制裁合规义务
321			未梳理排查正在执行的交易	未及时了解交易过程中的制裁风险变化情况，未采取有效预防措施
322			涉及制裁信息的证券资本市场披露错误	未按监管机构、招债书等要求正确披露涉及制裁相关业务
323		出口管制法律风险	前期物项筛查不到位法律风险	未对交易物项进行筛查，导致在未取得美国商务部出口许可的情况下，就受限于美国《商业管制清单》（简称 CCL）的物项或技术进行进出口贸易或签署合资合作协议，违反美国出口管理条例的规定
324				驻美子公司向中国母公司转让技术，未筛查该技术是否落实入禁止或限制清单
325			交易主体筛查不到位法律风险	未对交易相关主体进行筛查，导致在未取得美国商务部出口许可的情况下，将受限物项或技术转移、出口、再出口至列入禁止或限制清单中的实体，违反美国出口管理条例的规定
326				转让新兴技术和基础技术，未如实披露涉及的有重大所有权利益的任何主体（包括国家主体）和安排
327			交易对方筛查义务相关风险	未要求出口方出具涉及本次交易出口管制相关的分析报告，导致后续交易中可能出现风险不可控的情形

续表

序号	一级风险名称	二级风险名称	三级风险	
			风险名称	风险描述
328	（二十）国际化经营法律合规风险	出口管制法律风险	合同签订相关风险	合同中未明确双方在出口管制方面的责任，导致合同无法正常履行
329				未根据特定物项、特定交易相对方设置匹配的合规条款，导致交易对方滥用合规条款，设置对不受限物项参照受限物项管控、扩大对出口管制限制范围等不合理条款
330			物项交易相关风险	未及时中止违规交易；在交易过程中发现有被列入限制或禁止清单中的实体参与交易流程、交易物项含有许可证管控成分但未申请许可、涉及尚未实际交付的EAR99项下物品等违反出口管制规定的，应及时终止交易行为
331				作为出口管制受限方，发现将要进行的交易可能包含不适当的最终用户、最终用途或最终目的地的异常情况，但未采取进一步调查，通过告知交易对方隔绝不合规信息等“自我蒙蔽”的形式继续促成交易，以至于这些出口可能存在不适当的最终用途、最终用户或目的地
332			受控物项的保密	违反保密规定或约定，拆分破解、对外透露或与第三方交流受控物项及其受控零部件或物项相关信息
333				未开展访客审查，导致来自禁运国家及制裁国家的访客，接触受控物项及其受控零部件
334				来自禁运国家或制裁国家的公司员工，未经筛查接触或使用受管制设备或技术
335				转移、再出口和再销售受控物项及其相关受控零部件，或使用受控物项进行再开发，或废弃或销毁控物项及其相关受控零部件等，未经美国政府授权或批准
336				与境外进行与美国受控物项有关的电话交流、电子邮件往来、通过云端共享美国受控物项有关信息，向境外提供与美国受控物项有关的源代码、专门培训课程、技术图纸等资料或信息

续表

序号	一级风险名称	二级风险名称	三级风险	
			风险名称	风险描述
337	（二十）国际化经营法律合规风险	出口管制法律风险	受控物项的保密	涉及使用受控物项主体，在进行使用及成果交流过程中，未及时规避或退出可能出现涉及军事最终用户以及军事最终用途的情况或者讨论
338			对外提供资料相关风险	在与交易相对方进行的前期考察、合同谈判、交流学习等过程中，未经上报及核准签署对方提供的资料，导致相关文件形成实质性承诺、记录信息不全等不利后果
339				擅自接待美国公司或美国政府委派的机构对于销售给公司的受控物项使用情况的检查，并向其提供资料
340			记录保管相关风险	未按照美国出口管制条例规定保存准确和完整的记录
341		反倾销风险	出口产品被认定为倾销的风险	产品以低于其正常价值的价格出口到另一国家（地区），将被视为倾销行为。若出口方的经济为市场经济，则可用其国内销售价、向第三方的出口价等为依据确定正常价值；若出口方的经济被认定为非市场经济，则要以替代国价格、相似产品在进口国的销售价格等为依据确定被指控产品的正常价值
342		法律环境变化风险	外资准入、国家安全审查、投资审查、行业监管法律法规变化风险	所在国家和地区外资准入、投资审查、行业监管法律法规变化
343			劳动用工法律法规和政策变化风险	所在国家和地区劳动用工法律法规和政策变化
344			外汇管理、税收管理法律法规变化风险	所在国家和地区外汇管理、税收管理法律法规变化
345			安全环保法律法规变化风险	所在国家和地区土地管理、环境保护法律法规变化。尤其是与碳中和碳达峰相关的规定
346			国际协定变化法律风险	所在国家与我国政府签署的多双边或多边投资、贸易、税收等协定变化

续表

序号	一级风险名称	二级风险名称	三级风险	
			风险名称	风险描述
347	(二十)国际化经营法律合规风险	行业环境变化风险	油价波动法律风险	因油价等因素，资源国修改石油法等，改变对外合作合同模式，或影响合同经济性
348		经济环境变化风险	交易相对人履约能力变化风险	全球经济不景气导致境外交易对手资信受影响或进入破产清算程序
349		其他环境变化法律风险	新冠肺炎疫情相关法律风险	因新冠肺炎疫情影响及各国疫情防控政策等因素导致我方不能及时履约或因合同相对方宣布不可抗力导致我方履约受阻
350		当地化经营风险	市场准入合规法律风险	未能达到当地市场准入法律法规要求
351			当地合作方合规法律风险	投资 / 项目所在国对外资持股规定最高比例限制（尤其是油气行业），或对有当地合作方的，有特别优惠政策。投资 / 项目所在国强制规定外商投资企业从事某些经营活动必须通过当地代理进行
352			当地用工法律风险	投资 / 项目所在国强制性规定外资公司或项目聘用一定比例当地籍员工；某些关键或高级管理岗位，或某些工种由当地籍员工任职
353			当地化采购法律风险	投资 / 项目所在国强制性规定公司或项目采购商品、服务、投资工程时，一定比例的商品、服务、工程必须符合当地成分规定；或符合当地成分规定的方可参加投标；或当地成分比例达到一定标准优先中标
354			技术化当地转让法律风险	投资 / 项目所在国强制性规定（尤其是油气行业作业者，包括作业者通过与合作方、承包商、供应商等在合同中约定安排）向当地个人或公司转让技术

续表

序号	一级风险名称	二级风险名称	三级风险	
			风险名称	风险描述
355	（二十）国际化经营法律合规风险	外事管理风险	因公证照管理风险	因管理不当导致因公护照、因公往来港澳通行证、APEC商务旅行卡等因公证照遗失或损毁
356			携带违禁品进出境	进出国境员工未经申报和许可，私自携带、运输中国或所在国法律法规禁止或限制进出境的物品，包括但不限于珍稀动植物产品、濒危动植物种等
357			不尊重驻在国风俗习惯风险	因不了解或不尊重所在国的公序良俗，外派员工的不当行为触犯所在国法律法规或引起当地民众的反感和不满，如不尊重宗教习俗、随意摄影摄像等
358	（二十一）刑事法律风险	职务犯罪风险	职务侵占罪（贪污罪）	利用职务上的便利，侵吞、窃取、骗取或者以其他手段非法占有本单位（国有）财物的
359			挪用资金罪（挪用公款罪）	利用职务上的便利，挪用公款归个人使用，进行非法活动的，或者挪用公款数额较大、进行营利活动的，或者挪用公款数额较大、超过三个月未还的
360			商业贿赂犯罪	员工利用职务上的便利，索取他人财物的，或者非法收受他人财物，为他人谋取利益的
361				为谋取不正当利益，给予公司、企业或者其他单位的工作人员以财物
362			非法经营同类营业罪	利用职务便利，自己经营或者为他人经营与其所任职企业同类的营业，获取非法利益的
363			滥用职权罪	由于严重不负责任或者滥用职权，造成企业严重损失，致使国家利益遭受重大损失的
364		生产经营中的刑事风险	违规披露、不披露重要信息罪	依法负有信息披露义务的公司、企业向股东和社会公众提供虚假的或者隐瞒重要事实的财务会计报告，或者对依法应当披露的其他重要信息不按照规定披露的行为
365			生产、销售伪劣商品罪	以不合格产品冒充合格产品
366				销售行为的“明知”认定（销售人员在正常采购商品过程中，因贪小便宜，以正常价格的一半进货）

续表

序号	一级风险名称	二级风险名称	三级风险	
			风险名称	风险描述
367	（二十一）刑事法律风险	生产经营中的刑事风险	合同诈骗罪	以虚构的单位或者冒用他人名义签订合同；以伪造、变造、作废的票据或者其他虚假的产权证明做担保；没有实际履行能力，以先履行小额合同或者部分履行合同的方法，诱骗对方当事人继续签订和履行合同等行为
368			强令违章冒险作业罪	强令他人违章冒险作业，或者明知存在重大事故隐患而不排除，仍冒险作业的行为
369			重大责任事故罪	在生产、作业中违反有关安全管理规定的行为
370			拒不整改重大事故隐患罪	在生产、作业中违反安全管理规定，关闭、破坏直接关系生产安全的监控、警报、防护、救生设备、设施，或者篡改、隐瞒、销毁其相关数据、信息的行为
371				因存在重大事故隐患被依法责令停产停业、停止施工、停止使用有关设备、设施、场所，或者立即采取排除危险的整改措施，而拒不执行的行为
372				涉及安全生产的事项未经依法批准或者许可，擅自从事建筑施工，从事危险物品生产、经营、储存等高度危险的生产作业活动的行为
373			污染环境罪	在饮用水水源一级保护区、自然保护区核心区排放、倾倒、处置有放射性的废物、含传染病病原体的废物、有毒物质的；非法排放、倾倒、处置危险废物 3 吨以上的；排放、倾倒、处置含铅、汞、镉等污染物，超过国家或地方污染物排放标准倍数以上的；通过暗管、渗井、渗坑、裂隙、溶洞、灌注等逃避监管的方式排放、倾倒、处置有放射性的废物、含传染病病原体的废物、有毒物质等行为
374		知识产权保护中的刑事风险	侵犯商业秘密罪	以盗窃、贿赂、欺诈、胁迫、电子侵入或者其他不正当手段获取权利人（商业秘密的所有人和经商业秘密所有人许可的商业秘密使用人）的商业秘密的行为
375				披露、使用或者允许他人使用以不正当手段获取的权利人的商业秘密的行为

续表

序号	一级风险名称	二级风险名称	三级风险	
			风险名称	风险描述
376	（二十一）刑事法律风险	知识产权保护中的刑事风险	侵犯商业秘密罪	违反保密义务或者违反权利人有关保守商业秘密的要求，披露、使用或者允许他人使用其所掌握的商业秘密的行为
377			单位犯侵犯知识产权罪	假冒注册商标，销售假冒注册商标的商品，非法制造、销售非法制造的注册商标标识，假冒专利，侵犯著作权，销售侵权复制品，侵犯商业秘密的行为
378	（二十二）其他法律合规风险	印鉴管理	印章管理不当	擅自对外使用应封存、销毁的印章，或未采取有效措施导致印章被盗用
379				未经审批对外用印或在空白合同书、空白介绍信上擅自加盖印章
380		文书档案管理	未及时记载或妥善保管经营管理信息	擅自准许他人查阅公司档案及其他材料，档案移交程序缺乏保密机制，透漏与生产经营相关的重要信息，公司内外部信息资料保管不当，造成重要资料丢失或泄密
381		保密管理	国家和公司涉密信息（数据）泄密	信息分级或授权不当，对外公布或泄漏涉及国家、公司秘密的信息，外宣稿件、重要新闻、信息发布等外宣信息（数据）涉密审查不严，导致泄密
382		相关政策执行	未落实保障农民工工资支付要求	未依法提供工程款支付担保；未及时将人工费用足额拨付至农民工工资专用账户；未按照有关规定设立农民工工资专用账户，对分包单位劳动用工、工资发放实施监督管理
383			未落实保障中小企业款项支付要求	要求中小企业接受不合理的付款期限、方式、条件和违约责任等交易条件，违约拖欠中小企业的货物、工程、服务款项；从中小企业采购货物、工程、服务，约定付款期限并及时支付款项不合理；强制中小企业接受商业汇票等非现金支付方式，利用商业汇票等非现金支付方式变相延长付款期限；以法定代表人或者主要负责人变更，履行内部付款流程，在合同未作约定的情况下以等待竣工验收批复、决算审计等为由，拒绝或者迟延支付中小企业款项，等等

附件 2　2021 年度各板块主要法律合规风险排序

风险名称	油田板块	炼油板块	销售板块	工程板块	科研板块	海外上游
（一）公司设立、治理、解散法律风险	12	12	14	13	12	17
（二）投资管控法律风险	3	14	1	14	2	3
（三）招投标法律风险	9	7	12	3	8	5
（四）合同法律风险	5	4	3	8	5	2
（五）大宗商品贸易法律风险	15	16	8	15	20	18
（六）工程项目履行结算风险	14	15	9	1	7	4
（七）筹融资法律风险	16	17	20	16	21	12
（八）知识产权法律风险	8	6	5	17	1	16
（九）劳动用工法律风险	4	3	2	7	3	7
（十）纠纷管理法律风险	11	11	16	4	14	9
（十一）上市公司管理合规风险	19	20	21	12	18	10
（十二）资源权属法律风险	13	21	22	18	19	13
（十三）资产权属法律风险	10	10	11	19	10	14
（十四）财务税收管理法律风险	7	9	6	9	13	6
（十五）安全生产法律风险	2	1	7	2	6	15
（十六）生态环境保护法律风险	1	2	13	6	9	8
（十七）质量计量法律风险	17	8	10	10	17	20
（十八）稳定与舆情处置法律风险	18	5	15	11	11	19
（十九）反不正当竞争与反垄断法律风险	20	19	4	20	16	11
（二十）国际化经营法律合规风险	6	22	18	5	4	1
（二十一）刑事法律风险	21	18	17	21	15	21
（二十二）其他法律合规风险	22	13	19	22	22	22

红区为重大法律合规风险

黄区为重要法律合规风险

绿区为一般法律合规风险

附件3 2021年度法律合规风险事件和案件分析

一、海外上游投资类案件

发案原因分析：一是油气行业上游投资项目运营相关方众多，包括资源国政府、合作伙伴、承包商、雇员、当地社区及非政府组织，产业链条长，法律风险点多面广，只要项目运营过程中风险防控稍有不到位，就容易发生与之相关的合作合同、承包合同、劳动合同及安全环保侵权等纠纷。二是因疫情导致的采购周期延长、工程款结算异常、工程款降价、劳工管理和第三方违约等风险增加，与资源国政府关于工作量、环保等问题的行政诉讼风险增多。三是因为资源国政治环境复杂多变，法律法规延续性差、司法环境动荡等，多个海外机构在非洲、中亚等地区都遇到了与当地政府机构，特别是税务机关的争议，对生产经营造成较大困扰。如尼日利亚由于诉讼案费用与案值不挂钩，导致以环保侵权为名的天价滥诉案件时有发生；又如中东地区因政府拖欠回收款等引发纠纷。四是历史遗留问题多，早期并购经验不足，项目尽职调查、合作伙伴、代理公司、承包商等的选择等不够充分全面而引发纠纷。

应对措施：一是要持续强化重大涉外纠纷案件管控，聚焦“高风险、高案值、高案龄”重大案件，重点加强国资委和内外部巡视、审计督办重大案件应对处置力度。二是加强新项目开发及低效无效资产处置相关的风险投资管理和决策环节，投资并购应审慎选择合作伙伴，全面充分开展尽职调查，确保不发生新的重大风险。三是加强项目日常运营法律纠纷风险防范，特别是针对税收监管的趋严，不断提升自身的税务管理水平。四是随着海外投资区块项目运营接近尾声，项目续期或关闭所引发的服务合同、环保、税收、结算、劳工等法律纠纷风险案件将逐步显现，因此要提早梳理相关文件，做好相关合同补签或关闭，预防区块项目续展、项目关闭可能引发的投资者权益风险等其他风险。五是对于资产处置项目要坚持纠纷诉讼跟随资产走的运营策略，确保资产与风险均干净切割。

【典型案例】历尽艰辛维权路，巨额税款终得返——A公司海外某项目税务审计案

基本案情：2016年2月至2017年6月，H国财政部某州税务局对A公司2013年至2015年的纳税申报情况进行了两轮税务检查，并做出51号税务检查报告。报告认为，A公司在2013年至2015年瞒报销售收入，应补充计提增值税159520226坚戈，补缴所得税747758895坚戈，扣除正常应缴纳部分后，合计约890074711坚戈。同时，另需缴纳滞纳金10917247坚戈，罚款373879448坚戈。A公司认为该检查报告和处罚决定存在严重事实错误，违反了H国税法和国际会计准则，并立即采取措施积极应对。经研究，为减少损失，A公司先暂时缴纳了税款合计516195263坚戈，同时积极进行申诉。经过申诉，某州税务局免除了对A公司的罚款373879448坚戈，避免了损失约787万元人民币（按当时汇率47.53折算）。

2017年11月，A公司向H国财政部提起行政复议，要求撤销51号税务检查报告，返还暂时缴纳的税款。2018年2月，H国财政部驳回了A公司的复议申请。A公司经认真研究H国相关法律及纳税申报情况，认为税务部门检查结论存在重复计算收入和多计收入、少计汇兑损益及成本等情况。2018年5月10日，A公司向H国某州跨区经济法院提起行政诉讼，申请撤销第51号税务检查报告，并返还加征的税款和滞纳金。2018年6月5日，H国某州跨区经济法院下达判决，驳回了A公司的诉讼请求。为维护自身合法权益，A公司提起上诉。2018年8月27日，H国某州法院民事和行政案件上诉司法委员会做出判决，维持一审判决。经历两审败诉后，A公司坚持以法律手段维权，以一审、二审判决适用法律不当为由，于2018年12月向H国最高法院提起再审申请，请求撤销一审和二审判决，对案件重新审理

并支持其全部诉讼请求。2019 年 4 月 2 日，H 国最高法院经过开庭审理后直接改判，判决支持了 A 公司的全部诉讼请求，确认第 51 号检查报告违法，确认一审、二审判决适用法律不当并予以撤销，判决退还 A 公司所得税 452337711 坚戈、滞纳金 16004807.6 坚戈；返还诉讼费 6437077 坚戈，合计金额 474779595.6 坚戈。取得终审判决后，A 公司主动协调某州税务局执行，2019 年 6 月终于收回全部胜诉款项，挽回损失约 999 万元人民币（按当时汇率 47.53 折算）。历时近两年，A 公司税务审计行政诉讼案终于胜诉结案，挽回所得税、滞纳金、诉讼费用等直接经济损失约 999 万元人民币，通过采取妥善应对措施避免损失约 787 万元人民币，维护了企业在国际化经营中依法合规、诚信经营的良好形象。

法律分析：

1. 程序违法，判决被撤销

根据 H 国《民事诉讼法》第 72 条第 2 款，对国家权力机关的决定、作为（不作为）提出诉讼的案件，举证责任由被起诉的国家权力机关承担。本案一审法院作出判决的依据仅是某州税务局的检查结论，且提出 A 公司未提供有说服力的证据证明检查结论违法，该种行为违反了 H 国《民事诉讼法》第 226 条关于判决书应阐明不采纳某些证据的依据的规定。上诉法院无视一审法院对程序法的严重违反，理应一并被撤销。

2. 实体违法，检查报告被否决

某州税务局基于税务报表进行检查，得出结论认为 A 公司瞒报收入，应加算年度收入、长期合同收入等。根据 H 国《税法典》第 56 条、第 59 条，为确定税务报表的真实性、纳税人税费额计算是否正确，应对纳税人的税务核算和核算文件进行检查。《税法典》第 637 条第 1 款第（1）小节规定，税务检查报告要详细说明纳税人税务违法违规的情况。A 公司在税务检查过程中提供了检查阶段的全部原始会计文件和原始财务文件，但某州税务局并未对该文件进行检查。第 51 号检查报告中，也缺乏对认定A公司税务违法违规情况的详细描述。

启示体会：

1. 加强所在国法律政策研究和法律风险防控

企业走出去，参与国际竞争，必须要全面加强境外重大法律风险防控，通过研究所在国的法律环境、聘请优质中介机构、借助国家相关管理部门、借鉴兄弟企业的经验和教训等途径，有重点、有针对性地识别法律合规风险，建立健全境外法律风险防控体系，对法律合规风险进行全方位、全过程管理。

2. 加强国际化经营依法合规管理

加强各类业务的规范性运作，通过聘用和培养高素质的税务、法律人才，引入熟悉当地法律法规和业务规范的中介机构，积极与当地政府部门沟通协调，定期开展内审、外审、自查纠偏等，确保业务运作合法合规，有效应对当地政府部门的各种检查，从源头上防范化解国际化经营风险。

3. 坚定维权信念

企业国际化经营一方面要加强自身依法合规管理，另一方面要增强维权意识。加强所在国营商环境分析研究，遭遇不公正处罚、待遇时，在自身有理有据时，要积极寻求法律途径进行维权，不因一时的挫折而放弃，坚定信念维护自身的合法权益和企业形象。

二、大宗商品贸易类案件

发案原因分析：一些民营企业依托国有企业的供应商、客户身份，通过虚构货物、贸易背景，开展“空转、走单”等无实质性或循环贸易业务的商业往来，在商品交易过程中借助付款时间差实现短期融资，或者通过应收账款等财产权益增加自身资信能力进而向金融机构融资。国有企业如片面追求经营业绩违规主动加入，或风险防控措施不到位被动卷入，或关键岗位违规违法内外勾结，在借款方资金链断裂或故意诈骗情况下，引发纠纷并造成巨额损失。在办案件主要集中在化销公司、国事公司、润滑油公司和部分油品销售企业。发案的商品类别主要集中在燃料油、化工品（沥青、橡胶、PX、PTA、乙二醇）、基础油等。

应对措施：一是加强交易方信用审核，通过“中国人民银行征信中心动产融资统一登记公示系统”等平台，多层穿透核查上下游交易对手背景、关联关系、应收账款保理、质押办理等情况。优化供应商资源库的信息互通互享，提升供应商和客户资源库的应用广度和深度。二是加强信用管理，采购合同尽量约定“货到付款”，销售合同尽量约定“款到发货”，同时增加约束融资风险的条款或附件；严格审批变更、解除、终止合同，高度警惕交易对手或合同涉及第三方提出付款或交货方式变化；合同履行过程中定期排查供应商是否利用我方业务办理应收账款保理、质押等情况。三是强化物流及仓储方管理，严格物流和仓储方资信情况调查，严格入库程序；通过强化函证与实物盘点相结合、库房担保、购买存货保险等方式，降低外部仓储风险；强化物流监控和跟踪，确保货物真实流转。四是强化资金管理，严格执行不相容岗位分离制度、银行对账制度；加强业务与财务联动，严格业务审批程序，强化合同执行、货物流转、资金结算等关键节点控制。五是强化印章管理、办公场所管理制度和意识。通过建立健全印章管理、办公场所管理规定，印章使用、外部人员进入办公场所审批和台账登记制度，防止管理不善带来的法律风险。

【典型案例】过单贸易引纠纷，关键证据助维权——某石油公司融资性贸易纠纷

基本案情：2014—2015年，A石油公司开展燃料油不入库外采外销业务，俗称“过单”。操作模式为：A石油公司向C公司（民营企业）采购燃料油，货到付款，每吨加价20元卖给B公司，款到发货。由于是不入库的外采外销业务，A石油公司不参与货物交接，由上下游公司自行交提货。2015年底，B公司的上级公司突然到A石油公司要求核对库存，称在A石油公司还有27单、累计12.19万吨、涉及金

额6.67亿元的燃料油未提货。

经过A石油公司多方调查取证，了解到B公司与C公司实际是以燃料油贸易为名开展融资性贸易，交易所涉货物实际不存在，其双方关系“名为买卖、实为借贷”，A石油公司对此并不知情。因C公司资金链断裂，无法还清借款，B公司转而以未提货为由，起诉A石油公司以期弥补损失。

2016年3月，B公司以买卖合同纠纷为由向法院提起诉讼，要求A石油公司返还货款6.67亿元。案件历经省高院一审、最高院二审，最终法院认定该案系企业民间借贷纠纷，并非B公司主张的买卖合同纠纷，B公司的起诉缺乏请求权基础，判决驳回B公司诉讼请求。A石油公司取得买卖合同纠纷案件的胜诉。

2019年4月，B公司又以民间借贷纠纷为由对A石油公司提起新的诉讼，要求A石油公司、C公司共同返还B公司借款本金6.07亿元及利息。2020年8月，省高院审理后认为A石油公司起到了融资通道作用，对合同无效和损失发生存在错过，判决A石油公司对C公司未能偿还B公司的款项承担10.5%的补充赔偿责任。各方均不服，向最高院提出上诉。目前该民间借贷纠纷案件仍在最高院二审中。

法律分析：

1. 买卖合同是否成立

第一轮诉讼，B公司以买卖合同纠纷为由提起诉讼，A石油公司认为该案为B公司与C公司共同设计的融资性贸易，案涉交易名为买卖实为借贷。因此争议焦点在于A石油公司与B公司的买卖合同关系能否成立。

法院认为，A石油公司、B公司、C公司之间均未依法成立买卖合同关系。原因如下：

（1）案涉交易不具有商业上的合理性。从贸易链条上看，C公司构成“自卖自买”的闭环贸易，且“低卖高买”，明显不合商业常理；从交易架构上看，C公司需付清全款后才能提货，按此条件本可以直接向上游卖家采购，不必通过中间环节。

（2）无真实货物流转。仓储单位出具证明证实不存在真实货物，仅凭货物转移的函件并不足以认定案涉交易中有真实的货物流转。

（3）B公司对案涉交易的真实情况应属明知。B公司仅承担付款义务，不承担其他合同义务；履行过程中只关注资金收付，未对货物施加任何注意义务；B公司与C公司逐月制作收益表对账，以B公司的实际出资计算收益。综上，案涉《化工产品销售合同》是闭环交易链条中的一个环节，交易过程中只有资金流转，没有真实货物流转，不符合买卖合同的基本特征。因此，B公司以买卖合同纠纷起诉，缺乏请求权基础。

2. 案涉法律关系的性质与效力

第二轮诉讼，B公司又以民间借贷纠纷为由起诉A石油公司与C公司，争议焦点在于B公司与C公司之间法律关系的性质及效力，以及各方的法律责任如何分担。

法院认定，B公司与C公司之间并无真实买卖关系，买卖合同因构成虚伪意思表示而无效；被隐匿的借款合同关系是当事人的真实意思表示。关于借贷合同的效力问题，因B公司在案涉交易中利用银行承兑汇票进行贴现套取信贷资金并收取高利，属于高利转贷行为，借贷合同应当认定为无效。

3. A石油公司应当承担何种责任

根据最高人民法院第二巡回法庭法官会议纪要，在循环贸易中，通道方应承担何种责任主要取决于其在借贷关系中处于何种法律地位。

在第二轮诉讼中，一审法院认为A石油公司作为国有企业，与B公司、C公司协力完成案涉交易，甘当融资通道，对造成合同无效和损失发生存在过错，应承担相应的过错责任。参照A石油公司的收益比例，判决A石油公司对C公司不能清偿部分承担10.5%的补充赔偿责任。

启示体会：

1. 加强业务全过程关键节点的控制

一是业务开展前应加强尽职调查，对上下游的真实关系、业务开展背景等展开调查。二是加强过程管控，业务人员管理和培训。本案所有单据均通过C公司人员传递，因此A石油公司未及时发现货物真实情况，给不法分子可乘之机。三是加强货物进销存、合同管理、财务管理、印章管理。除严格落实进销存日常各环节的内控要求外，还要加强关键节点的控制，业务部门要对业务及业务涉及的所有单据、票证的真实性、合法性、合规性负责，对各个环节进行系统控制，确保风险可控。

2. 提高风险识别的能力

一是掌握业务特征，特别是做好一线业务人员的培训，从源头防控和识别风险。二是坚守贸易实质，严禁开展融资性贸易。没有真实货物的交易，从根本上不符合买卖合同特征，不可能构成真实有效的买卖合同。三是认真学习相关风险提示。近几年总部发布过多份相关风险提示，用好这些材料，加强对融资性贸易风险的认识，提高风险识别和防控能力。强化内部管理，防止在不知情的情况下涉及融资性贸易。

3. 积极调查取证，做好应诉准备。

一旦发生案件纠纷，应立即启动应急措施，内部开展全面自查，摸清家底，并在关键材料尚未转移、灭失之际迅速调查取证。通过抓住有利时机保存上下游公司财产、追加书面证明材料等手段取得谈判筹码，及时掌握和保存能够还原真实借贷关系的关键证据，并力争取得其他有关方面的配合和支持，为后续诉讼维权做好准备。

三、工程承包类案件

发案原因分析：一是由于石油石化行业特点，中国石化作为油田勘探开发、管道建设、炼油化工项目的业主方，同时是石油工程和炼化工程服务提供方，工程承包类合同数量多、金额大，且工程承包业务涉及主体多、环节多，专业性强，容易产生法律纠纷。二是由于油价波动和疫情叠加，炼油能力趋于饱和，石油石化行业上游、中游投资项目建设减少，市场竞争尤为激烈，一些工程承包合同权利义务不对等，加上疫情带来的原材料和人工成本上涨及工期延误，项目运营风险普遍增高。一些民营企业、地方国企业主投资项目市场定位不准、资金来源不稳定，部分工程企业违规垫资提供工程服务，一旦业主资金链断裂、停产停工，甚至进入破产保护，工程企业风险增大、索赔难度大。三是工程管理存在违规或风险防控措施不到位情况，为纠纷诉讼埋下隐患。如发包过程中招投标程序、肢解发包等违规行为，分包商管理不规范，存在转让合同债权后受让方恶意发起诉讼；招标、合同履行环节对施工分包商的合规管理要求未落实落细，存在施工分包商中标后交由实际施工人履行合同，或以劳务分包的形式对中标工程进行转包，导致实际施工人诉讼和其他诉讼；合同执行岗位人员掌握合同权利义务不透彻，缺乏合同履行的风险意识，导致纠纷风险隐患无法控制直至发案等。

应对措施：一是严格审查交易对方的资信情况。在工程任务承揽中，坚持“三不接”原则，即对方单位资信不佳的项目不接、资金不到位的项目不接、垫资的项目不接。二是加强项目合同执行管理工作，做好签证单的管理，做到量价合理、准确、真实、规范。及时收集整理保存证据，同时要细挖证据间的关联性。三是加强分包管理，严控层层分包和违法违规转包。就工程的招投标、发包、管理等问题书面告知建设单位，依法选择有资质的承包商，加强对承包方的分包管理，树牢责任意识，杜绝以包代管。四是妥善处理纠纷，在纠纷处理方案制定环节严格把关，要从合同效力的审查、诉讼当事人的确定、司法鉴定程序的适用等方面重点研判分析，拟定得当的诉讼策略。

【典型案例】施工结算应及时，起诉止损讲策略——建设工程施工合同纠纷

基本案情：2010 年 9 月 22 日，A、B 公司签订《天然气管路项目赤峰首站工程施工合同》，B 公司将赤峰首站工程发包给 A 公司施工，合同价款 2568.27 万元。后双方签订《补充合同》，调增合同价款 471.7 万元，合同总价款 3039.97 万元。在施工过程中 B 公司又让 A 公司施工了合同外净化区一期工程二标段工程、化工区共用工程工艺管廊建筑安装工程三标段工程、凝结水精处理循环水管线工程、线路工程（内蒙古多伦段）。2012 年 7 月 25 日—2013 年 4 月 20 日，赤峰供气首站工程、净化区一期工程二标段工程、工艺管廊建筑安装工程三标段工程、一期凝结水精处理装置第三循环水管线工程、线路工程（内蒙古多伦段）陆续通过竣工验收。2013 年 4 月 20 日，双方进行竣工结算，结算金额为 1.819 亿元。截至 2015 年 9 月 18 日，B 公司仅支付 A 公司 1.02 亿元，尚欠 7979.05 万元。多次催要未果后，A 公司向内蒙古高院提起诉讼，请求：①判令 B 公司给付 A 公司工程款 79790525.9 元，逾期付款利息 24898214.5 元，合计 104688740.4 元。②诉讼费用由 B 公司承担。

后经内蒙古高院调解，双方达成调解协议：B 公司承诺在 2017 年 12 月 20 日前支付给 A 公司 1000 万元；2018 年 1 月 31 日前支付给 A 公司 1000 万元；其余款项 38230644.92 元按季度平均支付，并于 2018 年 12 月 31 日前付清全部款项。本案诉讼费减半收取，由 B 公司承担。B 公司承担 A 公司的律师代理费共计 100 万元。A 公司放弃逾期付款利息的诉讼请求。如 B 公司未按上述约定执行，B 公司除应向 A 公司支付余款外，还需向 A 公司支付利息损失。

最终，B 公司按调解书约定付清 A 公司全部工程尾款，A 公司成功挽回 5823.0645 万元损失。

法律分析：

本案中，法院认可双方签订的施工合同，合同中关于结算付款都有明确的规定，B 公司不及时结算付款明显违反了双方施工合同的约定。相关司法解释第 21 条规定：“当事人就同一建设工程另行订立的建设工程施工合同与经过备案的中标合同实质性内容不一致的，应当以备案的中标合同作为结算工程价款的根据。”本案中施工合同条理清晰，规定明确，故合同结算不存在争议，B公司违约在先，A公司有理由要求其支付欠款。

对于解决建设单位的工程欠款问题，我国现行的法律法规有明确的法律依据：发包人未按照约定支付价款的，承包人可以催告发包人在合理期限内支付价款。发包人逾期不支付的，除按照建设工程的性质不宜折价、拍卖的以外，承包人可以与发包人协议将该工程折价，也可以申请人民法院将该工程依法拍卖。建设工程的价款就该工程折价或者拍卖的价款优先受偿。此处的发包人是指建设单位，承包人是指施工方。因此，A公司作为本案的施工单位可以要求建设单位B公司给付工程尾款，否则可以申请人民法院将该工程依法拍卖偿还欠款。

考虑到双方未来合作的可能性，最终A公司与B公司经法院调解达成一致。

启示体会：

在本案中，B公司从投产运营后经济效益一直不佳，人员变动大，考虑到B公司同是国企，以及其在石化领域的市场份额，A公司仍按合同规定完成施工任务，并全部验收合格。在双方结算过程中，B公司以各种理由推迟结算进度，导致A公司未能及时回收巨额工程尾款，影响A公司正常经营。A公司通过发函、高层对接等方式仍未与B公司达成一致，遂向法院提起诉讼。在诉讼过程中，A公司的证据得到法院支持，但考虑到对方经营状况不佳，A公司本着友好协商的态度，通过法院与B公司进行协商，并主动放弃了逾期付款利息，最终与B公司达成和解协议，成功挽回经济损失。

企业在施工过程中应注意以下几点：

（1）在招投标过程中应充分考察业主单位的信誉度、经营状况、人员变动、经济效益等因素，对于经济效益不佳、人员变动大的单位，应谨慎投标，避免日后结算过程中业主单位无法及时给付工程款的情况发生。

（2）在施工过程中应保存好过程资料，尤其是结算资料，如果发生诉讼纠纷案件，过程资料是重要的证据支撑。

（3）在施工过程中应及时与业主单位进行结算，保证业主单位工程款支付及时。若不及时支付工程款，应及时向公司反映，并与业主单位进行协商。若业主单位不按合同约定无故推迟结算进度，不支付工程款，应停工止损。

四、加油站网点投资类案件

发案原因分析：一是合同相对方恶意违约。在加油站（油库）资产收购、租赁合同履行过程中，合同相对方见利起异，以各种理由恶意解除合同，阻碍和影响加油站的正常运营。二是合同相对方放大我方合同履约瑕疵。针对我方建设、经营手续不全等漏洞，以此为由提出解除合同。更有甚者直接违反合同约定，以较低的违约金为代价解除合同。三是标的资产存在瑕疵导致履行障碍。部分项目尽职调查不充分，或未对法律意见引起足够的重视，标的资产属违章建筑或权属不清、资质不全、存在抵押、担保等瑕疵，在合同履行过程中无法变更权属、资质或出现真正权利人主张权益，引发纠纷诉讼。部分项目在股权收购后，第三方向被收购方主张债务及相关利息费用，我方被列为被告或第三方，最终判决对外承担替代清偿责任。四是合同相对方存在履约能力问题。合同相对方在履约过程中，因突发原因经营状况严重恶化，资金链断裂，第三方主张债权、终止责任转租或现有资产被司法机关采取强制措施，导致合同目的无法实现。五是政策变化导致收购目的不能实现。在租赁收购期间因政策变化、规划变化或其他原因导致租赁物拆除灭失，或者无法办理证照，代办方、出租方和有关部门未就迁建或补偿达成协议，并拖延或拒绝补偿我方损失，导致我方失去网点并且产生纠纷案件。六是委托代建产生风险。部分项目委托第三方代办加油站土地等手续，但由于第三方虚假陈诉、恶意串通、欺瞒欺诈，加之我方人员尽责履职不到位等原因，引发项目履约不能，已付资金无法追回。

应对措施：一是严格合同相对人管理。统一规范尽职调查程序、编制尽职调查指引，指导企业完善尽职调查内容，重点从主体资格、产权归属、行政审批、抵押查封、经营证照以及城市规划等方面进行核实，找出潜在重大问题和影响交易的重要因素，为决策提供法律依据。二是严把项目前期审核关。强化法律专业人员在重大项目的前期尽调、过程谈判、风险咨询、签约把关等方面的参与度，确保重大项目合法合规、风险可控。三是完善合同关键条款。重点关注支付条件、交付时限、证照办理、单方解除权等重要条款。合理配置违约责任，有效制约当事人发生违约行为。四是强化履约过程监控。强化合同主办部门负责制，加强合同闭环式监管，以保证合同的完全履行及我方的合法权益。

【典型案例】租赁合同引争议，条款设计需谨慎——加油站租赁纠纷案

基本案情：2010年1月，A石油公司分别与B公司、C公司签订为期20年的《加油站租赁合同》。2020年9月，B公司、C公司将A石油公司列为被告，要求解除双方租赁合同。理由是合同约定："在租赁期间或者租赁期满两年内，甲方转让此加油站的，乙方在同等条件下享有优先购买权，同时甲方按照本合同规定的租赁期限减去乙方的实际租赁期限，退还乙方剩余年限的租赁费，本合同自然解除。"

早在2014—2016年，A石油公司两站点皆因上述条款争议，导致租赁合同被解除。案件判决形成的示范效应，对A石油公司本次案件审理造成不利影响。但意识到合同条款存在争议，2018年A石油公司借助双层罐投资改造契机，与所属租赁站协商签订《补充协议书》，其中第4条约定"双方一致同意，双层罐改造项目完成后的合理期限内（不低于主合同约定的租赁期），乙方具有排他独占的租赁权，甲方不得以任何理由出售或租赁给第三人；同时乙方在租赁合同届满后对该

加油站具有同等条件下的优先租赁权。”明确 A 石油公司在租赁期内有排他租赁权。

法院受理该案后，2021 年 3 月做出一审判决：依据《合同法》第 41 条，认定《加油站租赁合同》是 A 石油公司事先拟定并重复使用的格式合同，相应的合同条款应为格式条款，B 公司、C 公司享有租赁合同的解除权。法院认为 A 石油公司投资加油站费用与加油站出售标的金额相比，双方利益不对等、差额巨大，以案涉《补充协议书》不能阻却解除租赁合同的主张为由，判决解除两站租赁合同。

A 石油公司对一审判决不服，向省高院提起上诉，省高院于 2021 年 9 月作出终审判决，撤销一审法院判决，认定 B 公司、C 公司租赁合同不存在解除情况，同时确认补充协议真实有效并继续履行。

法律分析：

本案争议焦点归纳为：案涉《加油站租赁合同》第 9.8 条约定是否为格式条款；案涉《加油站租赁合同》第 9.8 条约定中关于案涉合同的解除条件该如何认定；案涉《补充协议书》是否有效，该协议第 4 条约定是否能阻却 B 公司、C 公司提出的解除案涉租赁合同的主张。

1. 租赁合同条款是否为格式条款问题

《合同法》第 39 条规定：“格式条款是当事人为了重复使用而预先拟定，并在订立合同时未与对方协商的条款”，因 A 石油公司之前案件判决也涉及涉案《加油站租赁合同》，且合同内容大部分相同，故一审法院认定涉案《加油站租赁合同》为事先拟定并重复使用的格式合同，相应合同中均有案涉合同第 9.8 条中的约定，从而认定该约定为格式条款。

2. 案涉《加油站租赁合同》中关于案涉合同的解除条件如何认定

《合同法》第 41 条规定：“对格式条款的理解发生争议的，应当按照通常理解予以解释。对格式条款有两种以上解释的，应当作出不利于提供格式条款一方的解释。”因 B 公司、C 公司对该条款的解读是“只要其在租赁期限内出售加油站，承租人无论是否行使优先购买权，均应当解除租赁合同”，而A石油公司的认为“该条款没有约定放弃承租权的意思，而只是当对方在租赁期限内出售加油站，A石油公司行使优先购买权，将支付购买费用时，为避免与租赁费用存在重复支付的问题，约定返还未到期租金，则租赁合同自然解除”。因此在两种解释中一审法院支持B公司、C公司的理解。

但二审法院认为格式条款应具有合同法第52条和第53条情况的，或者提供格式条款一方免除其责任、加重对方责任、排除对方主要权利的，该条款无效，并非全部格式条款均无效或作出不利于提供格式条款一方的解释，只有存在格式条款文字有疑义、存在两种以上的解释，或者文字含义不明的情形，才能作出不利于条款提供者的解释，但案涉租赁合同不存在上述情形。二审法院认定从条款文意理解看，没有加油站出售他人，加油站租赁合同应该解除或同意解除的内容，仅为当事人为各自利益主张不用，该条款没有歧义，此条款约定的合同解除附生效条件，所附条件即为“行使优先购买权”，如行使优先购买权，则租赁合同自然解除，否则该租赁合同解除的条件不成立。

3. 案涉《补充协议书》是否有效

补充协议第4条约定是否能阻却B公司、C公司提出的解除案涉租赁合同的主张。一审法院认为虽然双方签署的《补充协议书》合法有效，但根据B公司、C公司的主张，该条约定主要针对改造的双层罐问题，因A石油公司有新的投入，约定出租方不得出售加油站，但未约定合同解除问题，因此不能阻却B公司、C公司解除合同的主张，一审法院既认定补充协议有效，又判决该补充协议未涉及租赁合同解除问题是不当的，因此二审法院对此进行重新认定，该补充协议系对案涉租赁合同、对加油站整体的补充约定。故二审法院结合综上整体情况，判决驳回了B公司、C公司要求解除合同的诉讼请求。

启示体会：

1. 公正审判彰显法治力量

“奉公如法则上下平，上下平则国强”，面对不利审判结果时，要学会运用法律武器，唯有实事求是、据理力争、积极抗辩、依法维权，才能充分维护企业的合法权益不受侵害。

2. 精准策略彰显团队力量

根据案情变化，适时调整策略，准确分析能够依法维权、定纷止争的关键诉求，把握案件走向，同时重视研究对方的诉讼策略，有针对性地调整诉求，为裁判机构利益平衡留下充足的空间。

3. 关口前移彰显防患意识

针对金额较大、项目较重要的合同，采用公司格式合同模板时，应同时保留沟通协商的证据（邮件、会议纪要、合同草稿、微信记录等）以表明双方就拟定的条款进行了磋商，确保协商过程“留痕迹”，将风险关口前移防控类似法律风险的发生。

五、劳动用工类案件

发案原因分析：一是企业正常用工管理引发的劳动争议。企业因员工严重违反企业规章制度造成经营损失，向劳动者提出解除劳动合同引发争议；劳动者不满意企业在加班工资、福利补贴、社会保险以及工伤认定等方面的安排引发争议；等等。二是劳务派遣引发的劳动争议。存在用工单位和用人单位对劳务派遣责任划分约定不清从而引发争议；因内部用工需要对劳动者或劳务派遣人员进行岗位调整，或薪酬待遇等方面发生变化引发劳动争议；等等。三是工程承包用工引发劳动争议。存在工程建设过程中发包方代替承包方管理劳务人员、分包商欠付劳务费等情况，劳动人员起诉要求发包方确认劳动关系或支付劳务费；等等。

应对措施：一是及时识别消化劳动法律法规，避免主动违法。二是严格按照法律规定要求，完善内部管理规章，规范日常各种形式用工管理。三是进一步规范业务外包或者业务承揽管理，签署业务外包或承揽合同时要使用中石化标准合同文本，不得任意增删合同实质条款；在执行业务外包或承揽合同过程中，要避免被认定存在与承包单位混同用工的情况。四是要做好员工入职及离职管理，完善劳动合同的签署、续签、解除的全流程管理，员工档案工作要做到周密、严谨。五是针对系统内劳动纠纷高发的重点领域，如涉外劳动用工、工程承包、福利待遇、劳务派遣、业务外包等，做好劳动法律风险防控及纠纷处置应对工作。

【典型案例】“占地工”无理要求确认劳动关系，法律程序进行到底终未获支持——“占地工”与 Z 企业劳动人事纠纷案

基本案情：2019 年 11 月 26 日，H 以其是某油田“占地工”且在 Z 企业工作多年为由，向法院提起民事诉讼，要求法院依法确认 H 与 Z 企业之间自 1992 年 5 月至起诉之日止存在劳动关系，同时还要求 Z 企业支付其未上岗工作期间的工资及相关福利。

法律分析：

本案争议焦点有两个：一是 H 与 Z 企业自 1992 年 5 月至起诉之日止是否存在劳动关系。二是 Z 企业是否有义务支付其未上岗工作期间的工资及相关福利。

1. 相关法条分析

《社会保险法》第 4 条规定：“中华人民共和国境内的用人单位和个人依法缴纳社会保险费，有权查询缴费记录、个人权益记录，要求社会保险经办机构提供社会保险咨询等相关服务”，该法第 10 条第 1 款又规定“职工应当参加基本养老保险，由用人单位和职工共同缴纳基本养老保险费”。因此，缴纳社保属于用人单位与个人的法定义务。1996 年至 2019 年 11 月，H 和案外人为 H 共同缴纳社保，且 H 在一审中明确表示是其与案外人签订劳动合同，足以说明 H 与案外人存在劳动关系，Z 企业与 H 不存在劳动关系。

2. 法院判决分析

根据 Z 企业与 H 提交的证据，本案一审、二审判决认定如下事实：1995 年 9 月至 1996 年 8 月，A 企业与 H 签订劳动合同；1996 年 1 月至 2008 年 3 月，B 企业为 H 缴纳企业职工基本养老保险；2008 年 4

月至2016年12月，C企业为H缴纳工伤保险、企业职工基本养老保险、失业保险；2017年1月至2019年11月，D企业为H缴纳工伤保险、企业职工基本养老保险、失业保险。

根据以上事实，足以认定H与Z企业自1992年5月至今不存在劳动关系，H无权要求Z企业支付其未上岗工作期间的工资及相关福利，本案判决结果有理有据。

启示体会：

1. 企业应加强用工法律风险防控，规范企业用工

《劳动法》《劳动合同法》及相关规定颁布后，各用工单位务必要针对新形势、新风险，结合企业实际，做好劳动争议纠纷法律风险防控预案和应对机制，特别是对劳务用工管理，在发放相关证件及进行表彰时，应注明用工性质。

2. 找准案件焦点，补充有利证据

经分析，本案主要争议焦点有两个：一个是H与Z企业自1992年5月至今是否存在劳动关系；另一个是Z企业是否有义务支付其未上岗工作期间的工资及相关福利。针对以上焦点，Z企业从客观事实出发，多方收集H与多个案外人存在长期劳动关系的证据，在诉讼中能说服法官，最终获得法院的支持。

3. 提前准备应急预案和措施

在有效防范信访风险发生的前提下，与对方积极沟通，有效化解诉讼风险和矛盾。

六、知识产权类案件

发案原因分析：一是个别核心关键技术被侵权，我方主动起诉维权，如己内酰胺、丙烯腈、丁基橡胶技术维权等。二是商标维权案件呈现数量多、涉案金额小、案情简单、办理周期短等特点，主要是销售企业采取的商标打假维权行动及相关诉讼。三是字体、图片、软件等著作权涉嫌侵权纠纷，我方为被告，特别是计算机软件、字体、图片、文字作品纠纷案件等存在高发趋势。企业在对外宣传过程中，著作权意识薄弱，易遭到机构或权利人起诉，如部分炼化企业被某外国软件商投诉侵权纠纷、仪征化纤图片使用侵权案、新星公司等企业收到汉仪字体告知函纠纷等。

应对措施：一是坚持问题导向，强化知识产权形成、运用环节的法律保护，推动实现由被动维权向主动保护和利用转变。二是按照“源头防控、排查预警、主动维权、管理提升”的工作思路，完善知识产权法律保护制度性安排，健全侵权监测预警机制，企业经营绩效与知识产权保护挂钩机制，技术成果研发、转化、维权等收益合理分享等机制。三是加大知识产权法律维权力度，对于侵犯公司知识产权的违法行为，灵活运用行政、刑事、民事、仲裁、调解等多种手段，切实维护公司合法权益。四是梳理字体、图片、软件等著作权涉嫌侵权的事实，总结办理经验教训，及时采取应对措施。

【典型案例】认真应对知识产权诉讼，依法保护企业合法权益

基本案情：2015 年 8 月，Y 公司员工在公司网上发表一篇文章，其中两处出现了“拥有安全不等于拥有一切，但没有安全将会失去一切”的警语。2020 年 7 月，刘某向某互联网法院起诉称，其于 2006 年已在网络上发布过该安全警语，对案涉警语享有著作权。案涉文章引用安全警语却未标明作者姓名，且 Y 公司网站主办单位为 Z 公司。因此，刘某认为 Z 公司与 Y 公司的行为侵犯了其作品署名权，应当承担侵权责任。

接到传票后，Z 公司与 Y 公司上下联动，收集证据。同时在中国裁判文书网等网站上搜索相关案例，发现刘某在某互联网法院提起十几起相似诉讼，被告多为国企及大型私企，且案件多以被告赔偿，双方和解结案。经多次讨论后，Z 公司与 Y 公司确定了应诉策略，有效维护公司合法权益。

法律分析：

1. 刘某对案涉警语是否享有著作权

一审庭审中，两公司认为刘某对涉案警语不享有著作权。并从警

语长短、句式、独创性等多方面进行分析论证。

2. 案涉文章对警语的使用是否构成合理使用

两公司认为从案涉文章引用的次数、位置、所占比例、引用目的等方面分析，案涉文章对警语的使用构成合理使用，无须支付报酬。

3. 案涉文章不标明作者的做法是否符合法律规定

两公司认为基于文章篇幅、通常撰写习惯等原因，引用安全警语不宜指明作者。

4. Z公司是否是适格被告

两公司认为Z公司不参与案涉文章的创作、审核及发布等工作，因此Z公司不是适格被告。

启示体会：

1. 强化知识产权管理

近年来，国家不断加大知识产权保护力度，企业发生知识产权侵权纠纷的风险也随之增加。企业应强化知识产权管理，依法保护知识产权，加大知识产权许可和使用审查力度，对违规或不当使用的文章、字体等采取停止使用、删除、断开连接等措施。

2. 积极维护企业合法权益

本案处理过程中，法律部门曾了解到许多企业也遇到类似诉讼，但多数选择了息事宁人，付出点小代价和原告达成和解。面对知识产权侵权纠纷，企业应坚持依法维权，积极应对，不仅要维护企业经济利益，而且要注重维护企业的良好社会声誉。

3. 积极提出管辖权异议

由于互联网法院可以在网上进行诉讼，诉讼成本低，成为原告首选。对此，企业可及时提出管辖权异议，增加原告诉讼成本与难度，为后续的诉讼创造条件。

七、环保类案件

发案原因分析：一是在国家不断深化生态文明建设、倡导绿色发展政策背景下，伴随史上最严环境保护法的实施，执法部门履职能力不断增强，社会大众的环保意识日益提高，鉴于石油、石化行业的特殊性，石化企业成为行政执行部门、社会公益组织关注的重点和焦点，全产业链环保诉讼和依法合规风险逐年加剧。二是环境公益诉讼案件增幅明显。检察机关成为提起环境公益诉讼的“绝对主力”，环保组织的诉讼意向空前高涨，如4次对系统内单位提起环境公益诉讼的浙江某环保组织，在近3年时间已提起百余起环境公益诉讼。三是企业处置环境事件、应对环保行政处罚经验不足、措施不力，环保风险化解不及时、不到位，不擅于运用行政复议和诉讼手段维权，既为后期争议处置埋下隐患，又容易引发公益组织提起诉讼，甚至导致环保刑事调查，造成环保风险加剧、影响升级。

应对措施：一是及时识别转化法律法规最新要求，开展环保法律专题培训，加强全系统相关岗位人员的法律法规识别能力，提升风险意识。二是强化环保违规、侵权争议应对的法律源头介入机制。一旦预警到可能出现环保争议事项，或受到国家及地方政府部门约谈、通报，出现限期整改、挂牌督办、处罚等情形，要充分评估论证运用法律手段维权的可行性，用足行政复议和行政诉讼法律救济手段，争取实现从轻、减轻，甚至不予处罚的目的，从而降低公益诉讼、刑事调查发生的概率，控制发案增量。三是完善突发环境事件的法律应对机制。发挥业务专业线与法律线作用，在解决实际环境问题的基础上采取适宜、实用的法律手段，最大限度地保障企业及员工的权益。四是高度关注长江、黄河流域企业的生态环境合规经营，着重对分布在长江、黄河流域的企业开展企业环境合规评价，完善符合企业实际的环境保护管理制度体系，精准定位环境法律风险点，制定切实可行的风险防控措施，将生态环境保护合规管理融入企业经营全流程各环节。

【典型案例】固体废物处置不当导致污染环境，致力生态修复得到从轻判罚——某公司固废处置不当致环境污染案

基本案情：2020年7月，X公司下属B公司的一车含油泥浆混合

物被无危废处理资质的 Z 厂随意堆放在厂区内深坑中，造成周边土地被污染。后该车混合物被司法鉴定为危险废物。8 月，X 公司下属 A 公司的一车混入废液压油的水基泥浆被服务商多次擅自转委托至 Z 厂处置。在拉运途中，Z 厂发现车辆出现渗漏，遂将该车固体废物倾倒在路边，造成附近环境污染。两车装载的物品后来都被司法鉴定为危险废物。截至 2021 年 5 月，A 公司、B 公司均未将事件上报、未开展环境修复工作。

Q 市检察院认为 X 公司是固体废物的产生单位，对污染环境负有修复责任，拟对 X 公司提起民事公益诉讼，并拟将污染物交付服务商的 3 名员工以涉嫌污染环境罪提起公诉。2021 年 6 月，X 公司得知该事件后，立即与 Q 市生态环境局、公安局、检察院进行沟通，并组织涉案服务商积极承担社会责任，迅速转移被污染土壤，开展环境修复工作，于同年 8 月完成环境修复，争取到免于行政处罚、民事公益诉讼合规不诉的结果。

2021 年 6 月—2022 年 1 月，X 公司帮助 3 名涉案员工持续学习反思、向当地财政局交纳生态修复金，3 名涉案员工诚恳悔罪，向法院预缴罚金，基于良好的生态环境修复效果和诚恳的悔罪态度，最终法院判处 3 名员工缓刑并允许在居住地执行。

法律分析：本案刑事法律关系争议焦点归纳为：①案涉固体废物是否为危险废物；②3 名员工是否明知其交付服务商的固体废物为危险废物，是否明知服务商没有危险废物处理资质；③3 名员工的行为是否来自单位授意，该案是否涉及单位犯罪。

法院认定 3 名员工共同犯罪的原因主要是：①同案人均供述处置的是危险废物，与司法鉴定结论互相印证；②X 公司内部制度和岗位说明书中均载明相关岗位人员应具备相应的安全环保知识，X 公司所签外包合同中也约定了培训内容；③3 人均具备一定的现场安全环保工作经验，应当具备区分一般固体废物和危险固体废物的知识；④同案人和其他证据证实 3 名员工理应知道服务商只具备一般固体废物处理资质。据此，员工的技能培训、岗位培训效果迫切需要引起重视，司法机关将综合员工个人履历和企业制度要求进行综合推定，并不一定采纳当事人的自我辩述。

最终法院对3名员工轻判的原因是：①本案被污染的环境得到了极好的修复，环境污染后果已经消除；②均系初犯，且主动提前交纳了生态修复金；③当庭认罪态度好；④悔罪诚恳，并在庭审期间预缴了罚金。由此可见，在及时完成生态修复的基础上，良好的认罪态度和悔罪表现可以争取到较好的结果。

启示体会：

1. 做好企业环境刑事诉讼风险防范

（1）根据国家、行业要求，建立符合本企业实际的环境保护管理制度体系，并及时修订更新；建立科学、合理、职责明确的内部环境保护组织机构，明确主管部门和主责人员；建立相应级别的环境保护技术监督网络体系，具体负责收集、分析各项环保数据，监督环保设备的运行。

（2）做好企业环境刑事法律风险全面调查和评估。开展全面的环境刑事法律风险调查，结合环境保护相关法律法规和企业自身经营管理业务流程精准定位环境刑事风险点，将零散的风险点进行系统化整理，对识别出的法律风险进行定性、定量分析。

（3）建立突发环境事件的法律应对机制。突发环境事件往往集民事、行政、刑事责任于一体，法律关系复杂、专业度较高。企业应建立起突发环境事件的法律应对机制，以业务人员、法务人员为主，外部专业人士、律师为辅，技术线与法律线同时进行、相互配合，在解决实际环境问题的基础上采取适宜、实用的法律手段最大限度地保障企业及员工的权益。

2. 抓好企业环境刑事诉讼风险应对

对已形成的环境刑事犯罪具体风险，企业应当尽早、积极进行应对和化解。

（1）建立上报制度，抓住黄金处置时机。企业应建立完善的上报制度以确保不错过事件的黄金处置时机。刑事诉讼风险最佳应对时间是公安机关调查取证阶段，专业律师的介入能确保被讯问人员口供无偏差；其次是审查起诉阶段，通过律师与法务人员的配合，确保排除非法证据和有偏差的口供，争取动摇承办检察官的判断以达成微罪不诉、存疑不诉。

（2）选聘专业律师，形成合作团队。针对具体个案尽快形成以业务人员、法务人员为主，外部专业人士、律师为辅的应对团队。外部专业人士指在环境保护领域有深刻专业见解、为当地生态环境局认可的专家，律师优先选择本地拥有司法资源、有环保办案经验、愿意配合企业的律师。

（3）及时开展生态修复。如涉及环境污染，应立即联系当地生态环境局和检察院，在其指导下开展生态修复、赔偿工作，消除后果和影响，争取检察院不起诉的机会。

（4）内外协作，形成应对方案。刑事辩护律师尽快查阅司法机关的卷宗资料，法律部门前台组织尽快开展内部摸查，积极收集无罪、罪轻的证据。内外配合协作，综合证据情况和企业诉求，做到具体问题具体分析，拿出可行的应诉方案。

附件 4　2021 年度主要法律法规、司法解释、部门规章及重要监管规定

一、基础性法律法规

1.《中华人民共和国行政处罚法（2021 修订）》2021 年 1 月 22 日发布，2021 年 7 月 15 日实施。

2.《中华人民共和国监察法实施条例》2021 年 9 月 20 日发布并实施。

3.《中华人民共和国审计法（2021 修正）》2021 年 10 月 23 日发布，2022 年 1 月 1 日实施。

4.《中华人民共和国民事诉讼法（2021 修正）》2021 年 12 月 24 日发布，2022 年 1 月 1 日实施。

5.《中华人民共和国反有组织犯罪法》2021 年 12 月 24 日发布，2022 年 5 月 1 日实施。

6.《动产和权利担保统一登记办法》2021 年 12 月 28 日发布，2022 年 2 月 1 日实施。

二、资源环境方面

1.《排污许可管理条例》2021 年 1 月 24 日发布，2021 年 3 月 1 日实施。

2.《中华人民共和国草原法（2021 修正）》2021 年 4 月 29 日发布并实施。

3.《人民检察院公益诉讼办案规则》2021 年 6 月 29 日发布，2021 年 7 月 1 日实施。

4.《中华人民共和国土地管理法实施条例（2021 修订）》2021 年 7 月 2 日发布，2021 年 9 月 1 日实施。

5.《最高检发布 12 起公益诉讼检察听证典型案例》2021 年 7 月 22

日发布。

6.《贯彻实施〈长江保护法〉工作推进会会议纪要》2021年11月25日发布。

7.《服务保障黄河流域生态保护和高质量发展工作推进会会议纪要》2021年11月25日发布。

8.《企业环境信息依法披露管理办法》2021年12月11日发布，2022年2月8日实施。

9.《中华人民共和国湿地保护法》2021年12月24日发布，2022年6月1日实施。

10.《中华人民共和国噪声污染防治法》2021年12月24日发布，2022年6月5日实施。

三、科技知识产权方面

1.《中华人民共和国数据安全法》2021年6月10日发布，2021年9月1日实施。

2.《中华人民共和国个人信息保护法》2021年8月20日发布，2021年11月1日实施。

3.《商标一般违法判断标准》2021年12月13日发布，2022年1月1日实施。

4.《中华人民共和国科学技术进步法》2021年12月24日发布，2022年1月1日实施。

5.《网络安全审查办法（2021）》2021年12月28日发布，2022年2月15日实施。

6.《国家知识产权局公共服务事项清单（第一版）》2021年12月31日发布。

四、安全管理方面

1.《最高人民检察院、应急管理部联合发布9件安全生产领域公益诉讼典型案例》2021 年 3 月 23 日发布。

2.《中华人民共和国道路交通安全法（2021 修正）》2021 年 4 月 29 日发布并实施。

3.《中华人民共和国食品安全法（2021 修正）》2021 年 4 月 29 日发布并实施。

4.《中华人民共和国安全生产法（2021 修正）》2021 年 6 月 10 日发布，2021 年 9 月 1 日实施。

5.《应急管理部办公厅关于推行特种作业操作证电子证照的通知》2021 年 12 月 10 日发布，2022 年 2 月 1 日实施。

五、贸易投资方面

1.《中华人民共和国海关法（2021 修正）》2021 年 4 月 29 日发布并实施。

2.《中华人民共和国进出口商品检验法（2021 修正）》2021 年 4 月 29 日发布并实施。

3.《中华人民共和国海南自由贸易港法》2021 年 6 月 10 日发布并实施。

4.《最高人民法院关于人民法院强制执行股权若干问题的规定》2021 年 12 月 20 日发布，2022 年 1 月 1 日实施。

5.《外商投资准入特别管理措施（负面清单）（2021 年版）》2021 年 12 月 27 日发布，2022 年 1 月 1 日实施。

6.《进口许可证管理货物目录（2022 年）》2021 年 12 月 31 日发布，2022 年 1 月 1 日实施。

六、合规管理方面

1.《国务院关于深化“证照分离”改革进一步激发市场主体发展活力的通知》2021 年 5 月 19 日发布并实施。

2.《中华人民共和国反外国制裁法》2021 年 6 月 10 日发布并实施。

3.《十起人民法院反垄断和反不正当竞争典型案例》2021年9月27日发布。

七、财税金融方面

1.《中华人民共和国印花税法》2021年6月10日发布，2022年7月1日实施。

2.《〈中华人民共和国进出口税则（2022）〉的公告》2021年12月30日发布，2022年1月1日实施。

八、员工保障方面

1.《中华人民共和国工会法（2021修正）》2021年12月24日发布，2022年1月1日实施。

九、司法规则方面

1.《最高人民法院关于适用〈中华人民共和国刑事诉讼法〉的解释（2021）》2021年1月26日发布，2021年3月1日实施。

2.《人民法院在线诉讼规则》2021年6月17日发布，2021年8月1日实施。

3.《人民检察院民事诉讼监督规则》2021年6月26日发布，2021年8月1日实施。

4.《人民检察院行政诉讼监督规则》2021年7月27日发布，2021年9月1日实施。

5.《人民法院在线调解规则》2021年12月31日发布，2022年1月1日实施。

十、国际化经营方面

1. 2021年3月10日，欧盟议会通过碳边境调节机制（CBAM），计划于2023年开始对欧盟进出口商品征收碳排放费用。

2. 2021 年 3 月，德国联邦内阁出台《供应链法》草案。

3. 2021 年 5 月 27 日，美国参议院通过《2021 年美国创新与竞争法案》。

4. 2021 年 6 月 3 日，美国修订《中国涉军企业》投资禁令。

5. 2021 年 6 月 28 日，欧盟出台《欧洲气候法》。

6. 2021 年 7 月 1 日，尼日利亚国民议会通过《石油工业法案》。

7. 2021 年 11 月 1 日，美国政府公布 2050 年实现净零排放战略计划。

8. 2021 年 11 月 13 日，197 各缔约国家正式签署《格拉斯哥气候公约》。